¡VIVA!

Primer curso de lengua española

SECOND EDITION

DONLEY | BLANCO

VISTA
HIGHER LEARNING

Boston, Massachusetts

ISBN: 978-1-60576-168-8

2 3 4 5 6 7 8 9 RE 14 13 12 11 10

Contenido

Introduction

The ¡VIVA! Lab Manual

Completely coordinated with the ¡VIVA! student textbook, the Lab Manual for
¡VIVA! provides you with additional practice of the vocabulary, grammar, and
language functions presented in each of the textbook's sixteen lessons. The Lab
Manual will also help you to continue building your listening and speaking
skills in Spanish. Icons and page references in the **recursos** boxes of the ¡VIVA!
student textbook correlate the Lab Manual to your textbook, letting you know
when exercises and activities are available for use. Answers to the Lab Manual
are located in a separate answer key booklet.

The laboratory activities are designed for use with the ¡VIVA! Lab Audio
Program. They focus on building your listening comprehension, speaking, and
pronunciation skills in Spanish, as they reinforce the vocabulary and grammar
of the corresponding textbook lesson. The Lab Manual guides you through
the Lab Audio Program, providing the written cues—direction lines, models,
charts, drawings, etc.—you will need in order to follow along easily. You
will hear statements, questions, mini-dialogues, conversations, monologues,
commercials, and many other kinds of listening passages, all recorded by
native Spanish speakers. You will encounter a wide range of activities such as
listening-and-repeating exercises, listening-and-speaking practice, listening-and-
writing activities, illustration-based work, and dictations.

Each laboratory lesson contains a **Preparación** section that practices the active
vocabulary taught in the corresponding textbook lesson. In **Lecciones
1–9**, a **Pronunciación** section follows; it parallels the one found in your
textbook, and, offers additional exercises. In **Lecciones 10–16**, the
Pronunciación sections are unique to the Lab Manual and the Lab Audio
Program since, in those lessons, your textbook features **Ortografía** sections
instead of **Pronunciación**. Each laboratory lesson then concludes with a
Gramática section.

We hope that you will find the ¡VIVA! Lab Manual to be a useful language
learning resource and that it will help you to increase your
Spanish language skills in a productive, enjoyable fashion.

The ¡VIVA! authors and the Vista Higher Learning editorial staff

PREPARACIÓN

Lección 1

1   **Identificar** You will hear six short exchanges. For each one, decide whether it is a greeting, an introduction, or a leave-taking. Mark the appropriate column.

> **modelo**
>
> *You hear:* RAQUEL   David, te presento a Paulina.
>   DAVID   Encantado.
> *You mark:* Introduction

	Greeting	*Introduction*	*Leave-taking*
Modelo	_____	**X**	_____
1.	_____	_____	_____
2.	_____	_____	_____
3.	_____	_____	_____
4.	_____	_____	_____
5.	_____	_____	_____
6.	_____	_____	_____

2   **Asociar** You will hear three conversations. Look at the drawing and write the number of the conversation under the appropriate group of people.

a. _____   b. _____   c. _____

3   **Preguntas** Listen to each question or statement and respond with an answer from the list. Repeat the correct response after the speaker.

a. Mucho gusto.   c. Nada.   e. Bien, gracias.

b. Chau.   d. Lo siento.   f. Soy de los Estados Unidos.

PRONUNCIACIÓN

The Spanish alphabet

The Spanish alphabet consists of 29 letters. The Spanish letter, **ñ (eñe)** doesn't appear in the English alphabet. The letters **k (ka)** and **w (doble ve)** are used only in words of foreign origin.

Letra	Nombre(s)	Ejemplo(s)	Letra	Nombre(s)	Ejemplo(s)
a	a	**a**diós	n	ene	**n**acionalidad
b	be	**b**ien, pro**b**lema	ñ	eñe	ma**ñ**ana
c	ce	**c**osa, **c**ero	o	o	**o**nce
ch	che	**ch**ico	p	pe	**p**rofesor
d	de	**d**iario, na**d**a	q	cu	**q**ué
e	e	**e**studiante	r	ere	**r**egular, seño**r**a
f	efe	**f**oto	s	ese	**s**eñor
g	ge	**g**racias, **G**erardo, re**g**ular	t	te	**t**ú
h	hache	**h**ola	u	u	**u**sted
i	i	**i**gualmente	v	ve	**v**ista, nue**v**o
j	jota	**J**avier	w	doble ve	*walkman*
k	ka, ca	**k**ilómetro	x	equis	e**x**istir, Mé**x**ico
l	ele	**l**ápiz	y	i griega, ye	**y**o
ll	elle	**ll**ave	z	zeta, ceta	**z**ona
m	eme	**m**apa			

1   **El alfabeto**   Repeat the Spanish alphabet and example words after the speaker.

2   **Práctica**   When you hear the number, say the corresponding word aloud and then spell it. Then listen to the speaker and repeat the correct response.

1. nada
2. maleta
3. quince
4. muy
5. hombre
6. por favor
7. San Fernando
8. Estados Unidos
9. Puerto Rico
10. España
11. Javier
12. Ecuador
13. Maite
14. gracias
15. Nueva York

3   **Dictado**   You will hear six people introduce themselves. Listen carefully and write the people's names as they spell them.

1. _____

2. _____

3. _____

4. _____

5. _____

6. _____

GRAMÁTICA

1.1 Nouns and articles

1   **Identificar**   You will hear a series of words. Decide whether the word is masculine or feminine, and mark the appropriate column.

> **modelo**
> *You hear:* lección
> *You mark:* Feminine

	Masculine	*Feminine*
Modelo	_____	X _____
1.	_____	_____
2.	_____	_____
3.	_____	_____
4.	_____	_____
5.	_____	_____
6.	_____	_____
7.	_____	_____
8.	_____	_____

2   **Transformar**   Change each word from the masculine to the feminine. Repeat the correct answer after the speaker. (*6 items*)

> **modelo**
> el chico
> la *chica*

3   **Cambiar**   Change each word from the singular to the plural. Repeat the correct answer after the speaker. (*8 items*)

> **modelo**
> una palabra
> unas palabras

4   **Completar**   Listen as Silvia reads her shopping list. Write the missing words.

_____ *diccionario*
un _____
_____ *cuadernos*
_____ *grabadora*
_____ *mapa de* _____
_____ *lápices*

   Lección 1 Laboratory Activities   **3**

1.2 Numbers 0–30

1   **Identificar** ¡Bingo! You are going to play two games (*juegos*) of bingo. As you hear each number, mark your bingo card.

Juego 1		
1	3	5
29	25	6
14	18	17
9	12	21

Juego 2		
0	30	27
10	3	2
16	19	4
28	22	20

2   **Números** Use the cue to tell how many there are of each item. Repeat the correct response after the speaker.

> **modelo**
> *You see:* 18 chicos
> *You say:* dieciocho chicos

1. 15 lápices
2. 4 computadoras
3. 8 cuadernos

4. 22 días
5. 9 grabadoras
6. 30 fotos

7. 1 palabra
8. 26 diccionarios
9. 12 países

10. 3 problemas
11. 17 escuelas
12. 25 turistas

3   **Completar** You will hear a series of math problems. Write the missing numbers and solve the problems.

1. _____ + _____11_____ = _____

2. _____ − _____5_____ = _____

3. _____8_____ + _____ = _____

4. _____ − _____12_____ = _____

5. _____3_____ + _____ = _____

6. _____ + _____0_____ = _____

4   **Preguntas** Look at the drawing and answer each question you hear. Repeat the correct response after the speaker. (*6 items*)

1.3 Present tense of ser

1 **Identificar** Listen to each sentence and mark the subject of the verb.

> *You hear:* Son pasajeros.
> *You mark:* ellos

	yo	tú	él	nosotros	ellos
Modelo	___	___	___	___	**X** ___
1.	___	___	___	___	___
2.	___	___	___	___	___
3.	___	___	___	___	___
4.	___	___	___	___	___
5.	___	___	___	___	___
6.	___	___	___	___	___

2 **Cambiar** Form a new sentence using the cue you hear as the subject. Repeat the correct answer after the speaker. (*8 items*)

> *modelo*
> Isabel es de los Estados Unidos. (yo)
> *Yo soy de los Estados Unidos.*

3 **Escoger** Listen to each question and choose the most logical response.

1. a. Soy Patricia.   b. Es la señora Gómez.
2. a. Es de California.   b. Él es conductor.
3. a. Es de Ecuador.   b. Es un diccionario.
4. a. Es de Patricia.   b. Soy estudiante.
5. a. Él es conductor.   b. Es de España.
6. a. Es un cuaderno.   b. Soy de los Estados Unidos.

4 **Preguntas** Answer each question you hear using the cue provided. Repeat the correct response after the speaker.

> *modelo*
> *You hear:* ¿De dónde es Pablo?
> *You see:* Estados Unidos
> *You say:* Él es de los Estados Unidos.

1. España   2. California   3. México   4. Ecuador   5. Puerto Rico   6. Colorado

5 **¿Quiénes son?** Listen to this conversation and write the answers to the questions.

1. ¿Cómo se llama la mujer? _____   4. ¿De dónde es ella? _____
2. ¿Cómo se llama el hombre? _____   5. ¿Quién es estudiante? _____
3. ¿De dónde es él? _____   6. ¿Quién es profesor(a)? _____

1.4 Telling time

1 **La hora** Look at the clock and listen to the statement. Indicate whether the statement is **cierto** or **falso.**

Cierto Falso   Cierto Falso   Cierto Falso

1. ○ ○   2. ○ ○   3. ○ ○

4. ○ ○   5. ○ ○   6. ○ ○

2 **Preguntas** Some people want to know what time it is. Answer their questions, using the cues. Repeat the correct response after the speaker.

> **modelo**
> *You hear:* ¿Qué hora es, por favor?
> *You see:* 3:10 p.m.
> *You say:* Son las tres y diez de la tarde.

1. 1:30 p.m.   3. 2:05 p.m.   5. 4:54 p.m.

2. 9:06 a.m.   4. 7:15 a.m.   6. 10:23 p.m.

3 **¿A qué hora?** You are trying to plan your class schedule. Ask your counselor what time these classes meet and write the answer.

> **modelo**
> *You see:* la clase de economía
> *You say:* ¿A qué hora es la clase de economía?
> *You hear:* Es a las once y veinte de la mañana.
> *You write:* 11:20 a.m.

1. la clase de biología: _____   4. la clase de literatura: _____

2. la clase de arte: _____   5. la clase de historia: _____

3. la clase de matemáticas: _____   6. la clase de sociología: _____

VOCABULARIO

You will now hear the vocabulary found in your textbook on the last page of this lesson. Listen and repeat each Spanish word of phrase after the speaker.

PREPARACIÓN

Lección 2

1 **Identificar** Look at each drawing and listen to the statement. Indicate whether the statement is **cierto** or **falso**.

	Cierto	Falso		Cierto	Falso		Cierto	Falso
1.	○	○	2.	○	○	3.	○	○
4.	○	○	5.	○	○	6.	○	○

2 **¿Qué día es?** Your friend Diego is never sure what day of the week it is. Respond to his questions saying that it is the day before the one he mentions. Then repeat the correct answer after the speaker. (*6 items*)

> **modelo**
> Hoy es domingo, ¿no?
> No, hoy es sábado.

3 **Preguntas** You will hear a series of questions. Look at Susana's schedule for today and answer each question. Then repeat the correct response after the speaker. (*6 items*)

martes 18

○
9:00 economía — Sr. Rivera

11:00 química — Sra. Hernández

12:15 cafetería — Carmen

1:30 prueba de contabilidad — Sr. Ramos

3:00 matemáticas — Srta. Torres

4:30 laboratorio de computación — Héctor

○

Lección 2 Laboratory Activities **7**

PRONUNCIACIÓN

Spanish vowels

Spanish vowels are never silent; they are always pronounced in a short, crisp way without the glide sounds used in English.

a	**e**	**i**	**o**	**u**

The letter **a** is pronounced like the *a* in *father*, but shorter.

Álex   cl**a**se   n**a**d**a**   enc**a**nt**a**d**a**

The letter **e** is pronounced like the *e* in *they*, but shorter.

el   **e**n**e**   m**e**sa   **e**l**e**fant**e**

The letter **i** sounds like the *ee* in *beet*, but shorter.

Inés   ch**i**ca   t**i**za   señor**i**ta

The letter **o** is pronounced like the *o* in *tone*, but shorter.

h**o**la   c**o**n   libr**o**   d**o**n Francisc**o**

The letter **u** sounds like the *oo* in *room*, but shorter.

uno   reg**u**lar   sal**u**dos   g**u**sto

---

1 **Práctica** Practice the vowels by repeating the names of these places in Spain after the speaker.

1. Madrid
2. Alicante
3. Tenerife
4. Toledo

5. Barcelona
6. Granada
7. Burgos
8. La Coruña

---

2 **Oraciones** Repeat each sentence after the speaker, focusing on the vowels.

1. Hola. Me llamo Ramiro Morgado.

2. Estudio arte en la Universidad de Salamanca.

3. Tomo también literatura y contabilidad.

4. Ay, tengo clase en cinco minutos. ¡Nos vemos!

---

3 **Refranes** Repeat each saying after the speaker to practice vowels.

1. Del dicho al hecho hay un gran trecho.

2. Cada loco con su tema.

---

4 **Dictado** You will hear a conversation. Listen carefully and write what you hear during the pauses. The entire conversation will then be repeated so you can check your work.

JUAN _____

_____

_____

ROSA _____

JUAN _____

ROSA _____

Lección 2 Laboratory Activities

GRAMÁTICA

2.1 Present tense of regular –ar verbs

1 **Identificar** Listen to each sentence and mark the subject of the verb.

> **modelo**
> *You hear:* Trabajo en la cafetería.
> *You mark:* yo

	yo	tú	él/ella	nosotros	ellos/ellas
Modelo	X				
1.					
2.					
3.					
4.					
5.					
6.					
7.					
8.					

2 **Cambiar** Form a new sentence using the cue you hear as the subject. Repeat the correct answer after the speaker. (*6 items*)

> **modelo**
> María practica los verbos ahora. (José y María)
> *José y María practican los verbos ahora.*

3 **Preguntas** Answer each question you hear in the negative. Repeat the correct response after the speaker. (*8 items*)

> **modelo**
> ¿Estudias geografía?
> *No, yo no estudio geografía.*

4 **Completar** Listen to the following description and write the missing words.

Teresa y yo _____ en la Universidad Autónoma de Madrid. Teresa

_____ lenguas extranjeras. Ella _____ trabajar en las
         2   3

Naciones Unidas (*United Nations*). Yo _____ clases de periodismo. También me
                                                  4

gusta _____ y _____. Los sábados
          5   6

_____ con una tuna. Una tuna es una orquesta (*orchestra*) estudiantil. Los
          7

jóvenes de la tuna _____ por las calles (*streets*) y _____
                            8   9

canciones (*songs*) tradicionales de España.

2.2 Forming questions in Spanish

1   **Escoger** Listen to each question and choose the most logical response.

1. a. Porque mañana es la prueba.   b. Porque no hay clase mañana.

2. a. Viaja en autobús.   b. Viaja a Toledo.

3. a. Llegamos a las cuatro y media.   b. Llegamos al estadio.

4. a. Isabel y Diego dibujan.   b. Dibujan en la clase de arte.

5. a. No, enseña física.   b. No, enseña en la Universidad Politécnica.

6. a. Escuchan la grabadora.   b. Escuchan música clásica.

7. a. Sí, me gusta mucho.   b. Miro la televisión en la residencia.

8. a. Hay diccionarios en la biblioteca.   b. Hay tres.

2   **Cambiar** Change each sentence into a question using the cue provided. Repeat the correct response after the speaker.

> **modelo**
>
> *You hear:* Los turistas toman el autobús.
> *You see:* ¿Quiénes?
> *You say:* ¿Quiénes toman el autobús?

1. ¿Dónde?   3. ¿Qué?   5. ¿Cuándo?   7. ¿Quiénes?

2. ¿Cuántos?   4. ¿Quién?   6. ¿Dónde?   8. ¿Qué?

3   **¿Lógico o ilógico?** You will hear some questions and the responses. Decide if they are **lógico** (*logical*) or **ilógico** (*illogical*).

1. Lógico   Ilógico   3. Lógico   Ilógico   5. Lógico   Ilógico

2. Lógico   Ilógico   4. Lógico   Ilógico   6. Lógico   Ilógico

4   **Un anuncio** Listen to this radio advertisement and answer the questions.

1. ¿Dónde está (*is*) la Escuela Cervantes? _____

_____

2. ¿Qué cursos ofrecen (*do they offer*) en la Escuela Cervantes? _____

_____

3. ¿Cuándo practican los estudiantes el español? _____

_____

4. ¿Adónde viajan los estudiantes de la Escuela Cervantes? _____

_____

2.3 The present tense of **estar**

1 **Describir** Look at the drawing and listen to each statement. Indicate whether the statement is **cierto** or **falso**.

	Cierto	Falso		Cierto	Falso		Cierto	Falso		Cierto	Falso
1.	○	○	3.	○	○	5.	○	○	7.	○	○
2.	○	○	4.	○	○	6.	○	○	8.	○	○

2 **Cambiar** Form a new sentence using the cue you hear. Repeat the correct answer after the speaker. (*8 items*)

> **modelo**
> Irma está en la biblioteca. (Irma y Hugo)
> *Irma y Hugo están en la biblioteca.*

3 **Escoger** You will hear some sentences with a beep in place of the verb. Decide which form of **ser** or **estar** should complete each sentence and select it.

> **modelo**
> *You hear:* Javier *(beep)* estudiante.
> *You select:* es because the sentence is *Javier es estudiante.*

1. a. es	b. está	5. a. es	b. está
2. a. es	b. está	6. a. eres	b. estás
3. a. es	b. está	7. a. son	b. están
4. a. Somos	b. Estamos	8. a. Son	b. Están

2.4 Numbers 31–100

1   **Números de teléfono** You want to invite some classmates to a party, but you don't have their telephone numbers. Ask the person who sits beside you what their telephone numbers are and write the answer.

> **modelo**
>
> *You see:* Elián
> *You say:* ¿Cuál es el número de teléfono de Elián?
> *You hear:* Es el ocho, cuarenta y tres, cero ocho, treinta y cinco.
> *You write:* 843-0835

1. Arturo: _____   5. Simón: _____

2. Alicia: _____   6. Eva: _____

3. Roberto: _____   7. José Antonio: _____

4. Graciela: _____   8. Mariana: _____

2   **Preguntas** You and a co-worker are taking inventory at the university bookstore. Answer your co-worker's questions using the cues. Repeat the correct response after the speaker.

> **modelo**
>
> *You hear:* ¿Cuántos diccionarios hay?
> *You see:* 45
> *You say:* Hay cuarenta y cinco diccionarios.

1. 56	3. 64	5. 95	7. 31
2. 32	4. 83	6. 48	8. 79

3   **Mensaje telefónico** Listen to this telephone conversation and complete the phone message with the correct information.

Mensaje telefónico

Para *(For)* _____

De parte de *(From)* _____

Teléfono _____

Mensaje _____

_____

_____

_____

VOCABULARIO

You will now hear the vocabulary found in your textbook on the last page of this lesson. Listen and repeat each Spanish word of phrase after the speaker.

PREPARACIÓN   # Lección 3

1 **Escoger** You will hear some questions. Look at the family tree and choose the correct answer to each question.

La familia
González

Juan Carlos   Sofía

Raquel   Eduardo   Ana María   Luis Miguel

Concha   José Antonio   Ramón   Pilar   Joaquín

1. a. Pilar	b. Concha	5. a. José Antonio y Ramón	b. Eduardo y Ana María
2. a. Luis Miguel	b. Eduardo	6. a. Joaquín	b. Eduardo
3. a. Sofía	b. Ana María	7. a. Ana María	b. Sofía
4. a. Raquel	b. Sofía	8. a. Luis Miguel	b. Juan Carlos

2 **La familia González** Héctor wants to verify the relationship between various members of the González family. Look at the drawing and answer his questions with the correct information. Repeat the correct response after the speaker. (*6 items*)

> **modelo**
> Juan Carlos es el abuelo de Eduardo, ¿verdad?
> No, Juan Carlos es el padre de Eduardo.

3 **Profesiones** Listen to each statement and write the number of the statement below the drawing it describes.

a. _____   b. _____   c. _____   d. _____

PRONUNCIACIÓN

Diphthongs and linking

In Spanish, **a, e,** and **o** are considered strong vowels. The weak vowels are **i** and **u.**

    hermano   niña   cuñado

A diphthong is a combination of two weak vowels or of a strong vowel and a weak vowel. Diphthongs are pronounced as a single syllable.

    r**ui**do   par**ie**ntes   per**io**dista

Two identical vowel sounds that appear together are pronounced like one long vowel.

    l**a a**buela   m**i hi**jo   una clas**e e**xcelente

Two identical consonants together sound like a single consonant.

    co**n N**atalia   su**s s**obrinos   la**s s**illas

A consonant at the end of a word is always linked with the vowel sound at the beginning of the next word.

    E**s i**ngeniera.   mi**s a**buelos   su**s hi**jos

A vowel at the end of a word is always linked with the vowel sound at the beginning of the next word.

    m**i h**ermano   s**u e**sposa   nuestr**o a**migo

1 **Práctica** Repeat each word after the speaker, focusing on the diphthongs.

1. historia	4. novia	7. puerta	10. estudiar
2. nieto	5. residencia	8. ciencias	11. izquierda
3. parientes	6. prueba	9. lenguas	12. ecuatoriano

2 **Oraciones** When you hear the number, read the corresponding sentence aloud. Then listen to the speaker and repeat the sentence.

1. Hola. Me llamo Anita Amaral. Soy del Ecuador.
2. Somos seis en mi familia.
3. Tengo dos hermanos y una hermana.
4. Mi papá es del Ecuador y mi mamá es de España.

3 **Refranes** Repeat each saying after the speaker to practice diphthongs and linking sounds.

1. Cuando una puerta se cierra, otra se abre.
2. Hablando del rey de Roma, por la puerta se asoma.

4 **Dictado** You will hear eight sentences. Each will be said twice. Listen carefully and write what you hear.

1. _____
2. _____
3. _____
4. _____
5. _____
6. _____
7. _____
8. _____

GRAMÁTICA

3.1 Descriptive adjectives

1 **Transformar** Change each sentence from the masculine to the feminine. Repeat the correct answer after the speaker. (6 *items*)

> **modelo**
> El chico es mexicano.
> La *chica es mexicana.*

2 **Cambiar** Change each sentence from the singular to the plural. Repeat the correct answer after the speaker. (6 *items*)

> **modelo**
> El profesor es ecuatoriano.
> Los *profesores son ecuatorianos.*

3 **Mis compañeros de clase** Describe your classmates, using the cues provided. Repeat the correct response after the speaker.

> **modelo**
> *You hear:* María
> *You see:* alto
> *You say:* María es alta.

1. simpático
2. rubio
3. inteligente
4. pelirrojo y muy bonito
5. alto y moreno
6. delgado y trabajador
7. bajo y gordo
8. tonto

4 **Completar** Listen to the following description and write the missing words.

Mañana mis parientes llegan de Guayaquil. Son cinco personas: mi abuela Isabel, tío Carlos y tía Josefina y mis primos Susana y Tomás. Mi prima es _____ 1 y _____ 2 . Baila muy bien. Tomás es un niño _____ 3 , pero es _____ 4 . Tío Carlos es _____ 5 y _____ 6 . Tía Josefina es _____ 7 y _____ 8 . Mi abuela es _____ 9 y muy _____ 10 .

5 **La familia Rivas** Look at the photo of the Rivas family and listen to each statement. Indicate whether the statement is **cierto** or **falso**.

	Cierto	Falso		Cierto	Falso
1.	○	○	5.	○	○
2.	○	○	6.	○	○
3.	○	○	7.	○	○
4.	○	○			

3.2 Possessive adjectives

1 Identificar Listen to each statement and mark the possessive adjective you hear.

> **modelo**
>
> *You hear:* Es mi diccionario de español.
> *You mark:* my

	my	*your* (familiar)	*your* (formal)	*his/her*	*our*	*their*
Modelo	X					
1.						
2.						
3.						
4.						
5.						
6.						
7.						
8.						

2 Escoger Listen to each question and choose the most logical response.

1. a. No, su hijastro no está aquí.
   b. Sí, tu hijastro está aquí.
2. a. No, nuestros abuelos son canadienses.
   b. Sí, sus abuelos son norteamericanos.
3. a. Sí, tu hijo trabaja ahora.
   b. Sí, mi hijo trabaja en la librería Goya.
4. a. Sus padres regresan a las nueve.
   b. Mis padres regresan a las nueve.
5. a. Nuestra hermana se llama Margarita.
   b. Su hermana se llama Margarita.
6. a. Tus plumas están en el escritorio.
   b. Sus plumas están en el escritorio.
7. a. No, mi sobrino es ingeniero.
   b. Sí, nuestro sobrino es programador.
8. a. Su horario es muy bueno.
   b. Nuestro horario es muy bueno.

3 Preguntas Answer each question you hear in the affirmative using the appropriate possessive adjective. Repeat the correct response after the speaker. (*7 items*)

> **modelo**
>
> ¿Es tu lápiz?
> Sí, es mi lápiz.

3.3 Present tense of regular –er and –ir verbs

1 **Identificar** Listen to each statement and mark the subject of the verb.

> **modelo**
> *You hear:* Corro con Dora mañana.
> *You mark:* yo

	yo	tú	él	nosotros	ellos
Modelo	X				
1.					
2.					
3.					
4.					
5.					
6.					

2 **Cambiar** Listen to the following statements. Using the cues you hear, say that these people do the same activities. Repeat the correct answer after the speaker. (*8 items*)

> **modelo**
> Julia aprende francés. (mi amigo)
> **Mi amigo también aprende francés.**

3 **Preguntas** Answer each question you hear in the negative. Repeat the correct response after the speaker. (*8 items*)

> **modelo**
> ¿Viven ellos en una residencia estudiantil?
> **No, ellos no viven en una residencia estudiantil.**

4 **Describir** Listen to each statement and write the number of the statement below the drawing it describes.

a. _____   b. _____   c. _____   d. _____

Lección 3 Laboratory Activities

3.4 Present tense of **tener** and **venir**

1   **Cambiar**   Form a new sentence using the cue you hear as the subject. Repeat the correct answer after the speaker. (*6 items*)

> **modelo**
> Alicia viene a las seis. (David y Rita)
> *David y Rita vienen a las seis.*

2   **Consejos** (*Advice*)   Some people are not doing what they should. Say what they have to do. Repeat the correct response after the speaker. (*6 items*)

> **modelo**
> Elena no trabaja.
> *Elena tiene que trabajar.*

3   **Preguntas**   Answer each question you hear using the cue. Repeat the correct answer after the speaker.

> **modelo**
> ¿Tienen sueño los niños? (no)
> *No, los niños no tienen sueño.*

1. sí
2. Roberto
3. no
4. dos
5. sí
6. mis tíos
7. el domingo

4   **Situaciones**   Listen to each situation and choose the appropriate **tener** expression. Each situation will be repeated.

1. a. Tienes sueño.   b. Tienes prisa.
2. a. Tienen mucho cuidado.   b. Tienen hambre.
3. a. Tenemos mucho calor.   b. Tenemos mucho frío.
4. a. Tengo sed.   b. Tengo hambre.
5. a. Ella tiene razón.   b. Ella no tiene razón.
6. a. Tengo miedo.   b. Tengo sueño.

5   **Mi familia**   Listen to the following description. Then read the statements and decide whether they are **cierto** or **falso**.

	Cierto	Falso		Cierto	Falso
1. Francisco tiene 20 años.	○	○	4. Su madre es inglesa.	○	○
2. Francisco desea ser periodista.	○	○	5. Francisco tiene una hermana mayor.	○	○
3. Francisco vive con su familia.	○	○	6. Él tiene una familia pequeña.	○	○

VOCABULARIO

You will now hear the vocabulary found in your textbook on the last page of this lesson. Listen and repeat each Spanish word of phrase after the speaker.

PREPARACIÓN

Lección 4

1 **Lugares** You will hear six people describe what they are doing. Choose the place that corresponds to the activity.

1. _____
2. _____
3. _____
4. _____
5. _____
6. _____

a. el museo
b. el café
c. la piscina
d. el cine

e. el estadio
f. las montañas
g. el parque
h. la biblioteca

2 **Describir** For each drawing, you will hear two statements. Choose the one that corresponds to the drawing.

1. a.   b.

2. a.   b.

3. a.   b.

4. a.   b.

3 **Completar** Listen to this description and write the missing words.

Chapultepec es un _____ muy grande en el _____ de la
                        1   2

_____ de México. Los _____ muchas
        3   4

_____ llegan a Chapultepec a pasear, descansar y practicar
        5

_____ como (*like*) el _____, el fútbol, el vóleibol y el
        6   7

_____. Muchos turistas también _____ por Chapultepec.
        8   9

Visitan los _____ y el _____ a los Niños Héroes.
                10   11

Lección 4 Laboratory Activities | **19**

PRONUNCIACIÓN

Word stress and accent marks

Every Spanish syllable contains at least one vowel. When two vowels are joined in the same syllable, they form a diphthong. A monosyllable is a word formed by a single syllable.

pe - lí - cu - la   e - di - fi - cio   ver   yo

The syllable of a Spanish word that is pronounced most emphatically is the "stressed" syllable.

bi - blio - **te** - ca   vi - si - **tar**   **par** - que   **fút** - bol

Words that end in **n**, **s**, or a *vowel* are usually stressed on the next to last syllable.

pe - **lo** - ta   pis - **ci** - na   **ra** - tos   **ha** - blan

If words that end in **n**, **s**, or a *vowel* are stressed on the last syllable, they must carry an accent mark on the stressed syllable.

na - ta - **ción**   pa - **pá**   in - **glés**   Jo - **sé**

Words that do *not* end in **n**, **s**, or a *vowel* are usually stressed on the last syllable.

bai - **lar**   es - pa - **ñol**   u - ni - ver - si - **dad**   tra - ba - ja - **dor**

If words that do *not* end in **n**, **s**, or a *vowel* are stressed on the next to last syllable, they must carry an accent mark on the stressed syllable.

béis - bol   **lá** - piz   **ár** - bol   **Gó** - mez

---

1 **Práctica** Repeat each word after the speaker, stressing the correct syllable.

1. profesor	4. Mazatlán	7. niños	10. México
2. Puebla	5. examen	8. Guadalajara	11. están
3. ¿Cuántos?	6. ¿Cómo?	9. programador	12. geografía

---

2 **Conversación** Repeat the conversation after the speaker to practice word stress.

MARINA Hola, Carlos. ¿Qué tal?

CARLOS Bien. Oye, ¿a qué hora es el partido de fútbol?

MARINA Creo que es a las siete.

CARLOS ¿Quieres ir?

MARINA Lo siento, pero no puedo. Tengo que estudiar biología.

---

3 **Refranes** Repeat each saying after the speaker to practice word stress.

1. Quien ríe de último, ríe mejor.   2. En la unión está la fuerza.

---

4 **Dictado** You will hear six sentences. Each will be said twice. Listen carefully and write what you hear.

1. _____

2. _____

3. _____

4. _____

5. _____

6. _____

GRAMÁTICA

4.1 The present tense of ir

1 **Identificar** Listen to each sentence and mark the subject of the verb you hear.

> **modelo**
>
> *You hear:* Van a ver una película.
> *You mark:* ellos

	yo	tú	él	nosotros	ellos
Modelo	_____	_____	_____	_____	X _____
1.	_____	_____	_____	_____	_____
2.	_____	_____	_____	_____	_____
3.	_____	_____	_____	_____	_____
4.	_____	_____	_____	_____	_____
5.	_____	_____	_____	_____	_____
6.	_____	_____	_____	_____	_____

2 **Cambiar** Form a new sentence using the cue you hear as the subject. Repeat the correct answer after the speaker. (*8 items*)

> **modelo**
>
> Ustedes van al Museo Frida Kahlo. (yo)
> *Yo voy al Museo Frida Kahlo.*

3 **Preguntas** Answer each question you hear using the cue. Repeat the correct response after the speaker.

> **modelo**
>
> *You hear:* ¿Quiénes van a la piscina?
> *You see:* Gustavo y Elisa
> *You say: Gustavo y Elisa van a la piscina.*

1. mis amigos   3. al partido de baloncesto   5. sí
2. en el Café Tacuba   4. no   6. pasear en bicicleta

4 **¡Vamos!** Listen to this conversation. Then read the statements and decide whether they are **cierto** or **falso**.

	Cierto	Falso
1. Claudia va a ir al gimnasio.	○	○
2. Claudia necesita comprar una mochila.	○	○
3. Sergio va a visitar a su tía.	○	○
4. Sergio va al gimnasio a las ocho de la noche.	○	○
5. Sergio va a ir al cine a las seis.	○	○
6. Claudia y Sergio van a ver una película.	○	○

Lección 4 Laboratory Activities   **21**

4.2 Stem-changing verbs: e→ie, o→ue

1 Identificar Listen to each sentence and write the infinitive form of the verb you hear.

> **modelo**
> *You hear:* No entiendo el problema.
> *You write:* entender

1. _____   4. _____   7. _____

2. _____   5. _____   8. _____

3. _____   6. _____

2 Preguntas Answer each question you hear using the cue provided. Repeat the correct response after the speaker.

> **modelo**
> *You hear:* ¿A qué hora comienza el partido?
> *You see:* 2:15 p.m.
> *You say:* El partido comienza a las dos y cuarto de la tarde.

1. el jueves   3. sí   5. leer una revista   7. a las tres
2. no   4. sí   6. mirar la televisión 8. Samuel

3 Diversiones Look at these listings from the entertainment section in a newspaper. Then listen to the questions and write the answers.

23D

MÚSICA
Palacio de Bellas Artes
Ballet folklórico
Viernes 9, 8:30 p.m.

Bosque de Chapultepec
Concierto de música mexicana
Domingo, 1:00 p.m.

MUSEOS
Museo de Arte Moderno

Pinturas de José Clemente
Orozco
De martes a domingo,
de 10:00 a.m. a 6:00 p.m.
Entrada libre

DEPORTES
Copa Internacional de Fútbol
México vs. Guatemala
Estadio Martín
Viernes 9, 8:30 p.m.

Campeonato de baloncesto
Los Universitarios vs. Los Toros
Gimnasio Municipal
Sábado 10, 7:30 p.m.

Torneo de Golf
con Lee Treviño
Club de Golf Atlas
Domingo 11, 9:00 a.m.

1. _____

2. _____

3. _____

4. _____

5. _____

4.3 Stem-changing verbs: e→i

1   **Completar**   Listen to this radio broadcast and fill in the missing words.

Este fin de semana los excursionistas _____ más senderos (*trails*). Dicen que

ir de _____ a las montañas es una _____ muy popular y

   2   3

_____ que _____ más senderos. Si lo

    4   5

_____ , la gente va a _____ muy feliz. Si no, ustedes

    6   7

pueden _____ la historia aquí, en Radio Montaña.

          8

2   **Escoger**   Listen to each question and choose the most logical response.

1. a. Normalmente pido tacos.   b. Voy al restaurante los lunes.

2. a. Consigo novelas en la biblioteca.   b. Compro revistas en el centro.

3. a. Repiten la película el sábado.   b. No deseo verla.

4. a. Sigue un programa de baloncesto.   b. No, está buceando.

5. a. Nunca (*I never*) pido pizza.   b. Nunca pido perdón.

6. a. Prefiere visitar un monumento.   b. Prefiere buscarla en la biblioteca.

7. a. ¿Quién fue el primer presidente?   b. A las cuatro de la tarde.

8. a. ¡Sí, es muy interesante!   b. Sí, mi hermano juega.

3   **Conversación**   Listen to the conversation and answer the questions.

1. ¿Qué quiere Paola?

    _____

2. ¿Por qué repite Paola las palabras?

    _____

3. ¿Hace Miguel el favor que le pide Paola?

    _____

4. ¿Dónde puede conseguir la revista?

    _____

     Lección 4 Laboratory Activities

4.4 Verbs with irregular yo forms

1 **Describir** For each drawing, you will hear two statements. Choose the one that corresponds to the drawing.

1. a. _____ b. _____

2. a. _____ b. _____

3. a. _____ b. _____

4. a. _____ b. _____

2 **Yo también** Listen to the following statements about Roberto and respond by saying that you do the same things. Repeat the correct answer after the speaker. (*5 items*)

> **modelo**
> Roberto siempre (*always*) hace ejercicio.
> *Yo también hago ejercicio.*

3 **Completar** Listen to this telephone conversation and complete the statements.

1. Cristina ve _____ .

2. Manuel y Ricardo quieren ir al parque para _____ .

3. Manuel y Ricardo _____ las pelotas.

4. Manuel _____ la hora porque Cristina no _____ .

5. Los chicos salen para el parque _____ .

VOCABULARIO

You will now hear the vocabulary found in your textbook on the last page of this lesson. Listen and repeat each Spanish word of phrase after the speaker.

PREPARACIÓN

Lección 5

1 **Identificar** You will hear a series of words. Write the word that does not belong in each series.

1. _____   5. _____

2. _____   6. _____

3. _____   7. _____

4. _____   8. _____

2 **Describir** For each drawing, you will hear two statements. Choose the one that corresponds to the drawing.

1. a.   b.   2. a.   b.

3. a.   b.   4. a.   b.

3 **En la agencia de viajes** Listen to this conversation between Mr. Vega and a travel agent. Then read the statements and decide whether they are **cierto** or **falso**.

	Cierto	Falso
1. El señor Vega quiere esquiar, pescar y hacer turismo.	○	○
2. El señor Vega va a Puerto Rico.	○	○
3. El señor Vega quiere ir de vacaciones la primera semana de mayo.	○	○
4. Una habitación en Las Tres Palmas cuesta (costs) $85.00.	○	○
5. El hotel tiene restaurante, piscina y jacuzzi.	○	○

PRONUNCIACIÓN

Spanish **b** and **v**

There is no difference in pronunciation between the Spanish letters **b** and **v**. However, each letter can be pronounced two different ways, depending on which letters appear next to them.

| **b**ueno | v**ó**lei**b**ol | **bib**lioteca | **v**i**v**ir |

B and **v** are pronounced like the English hard *b* when they appear either as the first letter of a word, at the beginning of a phrase, or after **m** or **n**.

| **b**onito | **v**iajar | tam**b**ién | in**v**estigar |

In all other positions, **b** and **v** have a softer pronunciation, which has no equivalent in English. Unlike the hard **b**, which is produced by tightly closing the lips and stopping the flow of air, the soft **b** is produced by keeping the lips slightly open.

| de**b**er | no**v**io | a**b**ril | cer**v**eza |

In both pronunciations, there is no difference in sound between **b** and **v**. The English *v* sound, produced by friction between the upper teeth and lower lip, does not exist in Spanish. Instead, the soft **b** comes from friction between the two lips.

| **b**ola | **v**ela | Cari**b**e | decli**v**e |

When **b** or **v** begins a word, its pronunciation depends on the previous word. At the beginning of a phrase or after a word that ends in **m** or **n**, it is pronounced as a hard **b**.

Verónica y su esposo cantan⌣**b**oleros.

Words that begin with **b** or **v** are pronounced with a soft **b** if they appear immediately after a word that ends in a vowel or any consonant other than **m** or **n**.

Benito es de⌣**B**oquerón pero⌣**v**ive en⌣**V**ictoria.

---

1 **Práctica** Repeat these words after the speaker to practice the **b** and the **v**.

1. hablamos
2. trabajar
3. botones
4. van
5. contabilidad
6. bien
7. doble
8. novia
9. béisbol
10. cabaña
11. llave
12. invierno

---

2 **Oraciones** When you hear the number, read the corresponding sentence aloud, focusing on the **b** and **v** sounds. Then listen to the speaker and repeat the sentence.

1. Vamos a Guaynabo en autobús.
2. Voy de vacaciones a la isla Culebra.
3. Tengo una habitación individual en el octavo piso.
4. Víctor y Eva van por avión al Caribe.
5. La planta baja es bonita también.
6. ¿Qué vamos a ver en Bayamón?
7. Beatriz, la novia de Víctor, es de Arecibo, Puerto Rico.

---

3 **Refranes** Repeat each saying after the speaker to practice the **b** and the **v**.

1. No hay mal que por bien no venga.
2. Hombre prevenido vale por dos.

---

4 **Dictado** You will hear four sentences. Each will be said twice. Listen carefully and write what you hear.

1. _____
2. _____
3. _____
4. _____

GRAMÁTICA

5.1 Estar with conditions and emotions

1 **Describir** For each drawing, you will hear two statements. Choose the one that corresponds to the drawing.

1. a. _____ b. _____

2. a. _____ b. _____

3. a. _____ b. _____

4. a. _____ b. _____

2 **Cambiar** Form a new sentence using the cue you hear as the subject. Repeat the correct answer after the speaker. (*5 items*)

> **modelo**
> Rubén está enojado con Patricia. (mamá)
> Mamá *está enojada con Patricia.*

3 **Preguntas** Answer each question you hear using the cues provided. Repeat the correct response after the speaker.

> **modelo**
> *You hear:* ¿Está triste Tomás?
> *You see:* no / contento/a
> *You say:* No, Tomás *está contento.*

1. no / abierto/a   3. su hermano   5. no / sucio/a
2. sí   4. no / ordenado/a   6. estar de vacaciones

4 **Situaciones** You will hear four brief conversations. Choose the statement that expresses how the people feel in each situation.

1. a. Ricardo está nervioso.   b. Ricardo está cansado.

2. a. La señora Fuentes está contenta.   b. La señora Fuentes está preocupada.

3. a. Eugenio está aburrido.   b. Eugenio está avergonzado.

4. a. Rosario y Alonso están equivocados.   b. Rosario y Alonso están enojados.

5.2 The present progressive

1 **Escoger** Listen to what these people are doing. Then read the statements provided and choose the appropriate description.

1. a. Es profesor.   b. Es estudiante.

2. a. Es botones.   b. Es inspector de aduanas.

3. a. Eres artista.   b. Eres huésped.

4. a. Son jugadoras de fútbol.   b. Son programadoras.

5. a. Es ingeniero.   b. Es botones.

6. a. Son turistas.   b. Son empleados.

2 **Transformar** Change each sentence from the present tense to the present progressive. Repeat the correct answer after the speaker. (6 *items*)

> *modelo*
>
> Adriana confirma su reservación.
> Adriana *está confirmando su reservación.*

3 **Preguntas** Answer each question you hear using the cue provided and the present progressive. Repeat the correct response after the speaker.

> *modelo*
>
> *You hear:* ¿Qué hacen ellos?
> *You see:* acampar
> *You say:* Ellos *están acampando.*

1. hacer las maletas   3. dormir   5. hablar con el botones
2. pescar en el mar   4. correr en el parque   6. comer en el café

4 **Describir** You will hear some questions. Look at the drawing and respond to each question. Repeat the correct answer after the speaker. (6 *items*)

5.3 Comparing ser and estar

1 **Escoger** You will hear some questions with a beep in place of the verb. Decide which form of **ser** or **estar** should complete each question and select it.

> **modelo**
>
> *You hear:* ¿Cómo (beep)?
> *You select:* estás because the question is ¿Cómo estás?

1. es	está	4. Es	Está	
2. Son	Están	5. Es	Está	
3. Es	Está	6. Es	Está	

2 **¿Cómo es?** You just met Rosa Beltrán at a party. Describe her to a friend by using **ser** or **estar** with the cues you hear. Repeat the correct response after the speaker. (6 *items*)

> **modelo**
>
> muy amable
> *Rosa es muy amable.*

3 **¿Ser o estar?** You will hear the subject of a sentence. Complete the sentence using a form of **ser** or **estar** and the cue provided. Repeat the correct response after the speaker.

> **modelo**
>
> *You hear:* Papá
> *You see:* en San Juan
> *You say:* Papá está en San Juan.

1. inspector de aduanas	3. a las diez	5. el 14 de febrero
2. la estación del tren	4. ocupados	6. corriendo a clase

4 **¿Lógico o no?** You will hear some statements. Decide if they are **lógico** or **ilógico**.

1. Lógico	Ilógico	4. Lógico	Ilógico
2. Lógico	Ilógico	5. Lógico	Ilógico
3. Lógico	Ilógico	6. Lógico	Ilógico

5 **Ponce** Listen to Carolina's description of her vacation and answer the questions.

1. ¿Dónde está Ponce?

_____

2. ¿Qué tiempo está haciendo?

_____

3. ¿Qué es el Parque de Bombas?

_____

4. ¿Qué día es hoy?

_____

5. ¿Por qué no va al Parque de Bombas hoy?

_____

Lección 5 Laboratory Activities | **29**

5.4 Direct object nouns and pronouns

1   **Escoger**   Listen to each question and choose the most logical response.

1. a. Sí, voy a comprarlo.
   b. No, no voy a comprarla.
2. a. Joaquín lo tiene.
   b. Joaquín la tiene.
3. a. Sí, los puedo llevar.
   b. No, no te puedo llevar.
4. a. Irene los tiene.
   b. Irene las tiene.

5. a. Sí, te llevamos al partido.
   b. Sí, nos llevas al partido.
6. a. No, vamos a hacerlo mañana.
   b. No, vamos a hacerla mañana.
7. a. Va a conseguirlos mañana.
   b. Va a conseguirlas mañana.
8. a. Pienso visitarla el fin de semana.
   b. Pienso visitarte el fin de semana.

2   **Cambiar**   Restate each sentence you hear using a direct object pronoun. Repeat the correct answer after the speaker. (*6 items*)

> *modelo*
> Isabel está mirando la televisión.
> Isabel *está mirándola.*

Isabel está mirando la televisión... con Diego.

3   **No veo nada**   You just broke your glasses and now you can't see anything. Respond to each statement using a direct object pronoun. Repeat the correct answer after the speaker. (*6 items*)

> *modelo*
> Allí está el Museo de Arte e Historia.
> *¿Dónde? No lo veo.*

4   **Preguntas**   Answer each question you hear in the negative. Repeat the correct response after the speaker. (*6 items*)

> *modelo*
> ¿Haces la excursión a El Yunque?
> *No, no la hago.*

VOCABULARIO

You will now hear the vocabulary found in your textbook on the last page of this lesson. Listen and repeat each Spanish word of phrase after the speaker.

PREPARACIÓN   # Lección 6

1 **¿Lógico o ilógico?**   Listen to each statement and indicate if it is **lógico** or **ilógico**.

1. Lógico   Ilógico   5. Lógico   Ilógico
2. Lógico   Ilógico   6. Lógico   Ilógico
3. Lógico   Ilógico   7. Lógico   Ilógico
4. Lógico   Ilógico   8. Lógico   Ilógico

2 **Escoger**   Listen as each person talks about the clothing he or she needs to buy, then choose the activity for which the clothing would be appropriate.

1. a. ir a la playa   b. ir al cine
2. a. jugar al golf   b. buscar trabajo (*work*)
3. a. salir a bailar   b. ir a la montaña
4. a. montar a caballo   b. bucear
5. a. jugar al vóleibol   b. comer en un restaurante elegante
6. a. hacer un viaje   b. patinar en línea

3 **Preguntas**   Respond to each question saying that the opposite is true. Repeat the correct answer after the speaker. (*6 items*)

> **modelo**
> Las sandalias cuestan mucho, ¿no?
> No, las sandalias *cuestan poco*.

4 **Describir**   You will hear some questions. Look at the drawing and write the answer to each question.

1. _____
2. _____
3. _____
4. _____

Lección 6 Laboratory Activities   **31**

PRONUNCIACIÓN

The consonants d and t

Like **b** and **v**, the Spanish **d** can have a hard sound or a soft sound, depending on which letters appear next to it.

¿**D**ónde? ven**d**er na**d**ar ver**d**a**d**

At the beginning of a phrase and after **n** or **l**, the letter **d** is pronounced with a hard sound. This sound is similar to the English d in *dog*, but a little softer and duller. The tongue should touch the back of the upper teeth, not the roof of the mouth.

Don **d**inero tien**d**a fal**d**a

In all other positions, **d** has a soft sound. It is similar to the English *th* in *there*, but a little softer.

me**d**ias ver**d**e vesti**d**o huéspe**d**

When **d** begins a word, its pronunciation depends on the previous word. At the beginning of a phrase or after a word that ends in **n** or **l**, it is pronounced as a hard **d**.

Don **D**iego no tiene el **d**iccionario.

Words that begin with **d** are pronounced with a soft **d** if they appear immediately after a word that ends in a vowel or any consonant other than **n** or **l**.

Doña **D**olores es **d**e la capital.

When pronouncing the Spanish **t**, the tongue should touch the back of the upper teeth, not the roof of the mouth. In contrast to the English *t*, no air is expelled from the mouth.

traje pan**t**alones **t**arje**t**a **t**ienda

---

1 **Práctica** Repeat each phrase after the speaker to practice the **d** and the **t**.

1. Hasta pronto.
2. De nada.
3. Mucho gusto.
4. Lo siento.
5. No hay de qué.
6. ¿De dónde es usted?
7. ¡Todos a bordo!
8. No puedo.
9. Es estupendo.
10. No tengo computadora.
11. ¿Cuándo vienen?
12. Son las tres y media.

---

2 **Oraciones** When you hear the number, read the corresponding sentence aloud, focusing on the **d** and **t** sounds. Then listen to the speaker and repeat the sentence.

1. Don Teodoro tiene una tienda en un almacén en La Habana.
2. Don Teodoro vende muchos trajes, vestidos y zapatos todos los días.
3. Un día un turista, Federico Machado, entra en la tienda para comprar un par de botas.
4. Federico regatea con don Teodoro y compra las botas y también un par de sandalias.

---

3 **Refranes** Repeat each saying after the speaker to practice the **d** and the **t**.

1. En la variedad está el gusto. 2. Aunque la mona se vista de seda, mona se queda.

---

4 **Dictado** You will hear four sentences. Each will be said twice. Listen carefully and write what you hear.

1. _____

2. _____

3. _____

4. _____

GRAMÁTICA

6.1 Numbers 101 and higher

1 **¿Cierto o falso?** Your friend Ana won the lottery and with that money she is buying presents for her friends and family. Look at the figures in the chart and listen to each statement. Then indicate whether each statement is **cierto** or **falso**.

Nombre	Comprar	Precio (en bolívares*)
mamá y papá	casa	335.125.000
hermano	auto	27.850.000
tía Tere	abrigo	13.405.000
abuelos	barco	56.749.000
José Luis	10 trajes	12.622.000
Cecilia	viaje al Caribe	8.967.000
Sergio	motocicleta	9.831.000
Laura	caballo	14.294.000
niños pobres del barrio	ropa y zapatos	39.997.000
	TOTAL	**518.839.000**

	Cierto	Falso
1.	○	○
2.	○	○
3.	○	○
4.	○	○
5.	○	○
6.	○	○

*bolívar = Venezuelan currency

2 **Dictado** Listen carefully and write each number as numerals rather than words.

1. _____   4. _____   7. _____

2. _____   5. _____   8. _____

3. _____   6. _____   9. _____

3 **Preguntas** Answer each question you hear using the cue. Repeat the correct response after the speaker.

> **modelo**
> *You hear:* ¿Cuántas personas hay en Chile?
> *You see:* 15.589.000
> *You say:* Hay quince millones, quinientas ochenta y nueve mil personas en Chile.

1. 800   3. 1.284   5. 172

2. 356   4. 711   6. unos 43.000

4 **Un anuncio** Listen to this radio advertisement and write the prices for each item listed. Then figure out what the total cost for the trip would be.

Pasaje de avión: _____

Barco: _____

Excursiones: _____

TOTAL: _____

6.2 The preterite tense of regular verbs

1 | **Identificar** Listen to each sentence and decide whether the verb is in the present or the preterite tense. Mark the appropriate column.

> **modelo**
> *You hear:* Alejandro llevó un suéter marrón (*brown*).
> *You mark:* Preterite

	Present	*Preterite*
Modelo	_____	**X** _____
1.	_____	_____
2.	_____	_____
3.	_____	_____
4.	_____	_____
5.	_____	_____
6.	_____	_____
7.	_____	_____
8.	_____	_____

2 | **Cambiar** Change each sentence from the present to the preterite. Repeat the correct answer after the speaker. (*8 items*)

> **modelo**
> Compro unas sandalias baratas.
> *Compré unas sandalias baratas.*

3 | **Preguntas** Answer each question you hear using the cue provided. Repeat the correct response after the speaker.

> **modelo**
> *You hear:* ¿Dónde conseguiste tus botas?
> *You see:* en la tienda Lacayo
> *You say:* Conseguí mis botas en la tienda Lacayo.

1. $26,00   2. ayer   3. Marta   4. no   5. no   6. no

4 | **¿Estás listo?** Listen to this conversation between Matilde and Hernán. Make a list of the tasks Hernán has already done in preparation for his trip and a list of the tasks he still needs to do.

Tareas completadas	**Tareas que necesita hacer**
_____	_____
_____	_____
_____	_____
_____	_____
_____	_____

6.3 Indirect object pronouns

1 **Escoger** Listen to each question and choose the most logical response.

1. a. Sí, le mostré el abrigo.
   b. Sí, me mostró el abrigo.

2. a. No, no le presté el suéter azul.
   b. No, no te prestó el suéter azul.

3. a. Voy a comprarles ropa interior.
   b. Vamos a comprarle ropa interior.

4. a. Sí, está preguntándoles el precio.
   b. Sí, está preguntándole el precio.

5. a. Nos costaron veinte dólares.
   b. Les costaron veinte dólares.

6. a. Sí, nos puede traer un sombrero.
   b. Sí, te puedo traer un sombrero.

2 **Identificar** Listen to each sentence and mark the column for the subject of the verb.

modelo
You hear: ¿Me das dinero para ir de compras?
You mark: tú

	yo	tú	él/ella	nosotros	ellos/ellas
Modelo		X			
1.					
2.					
3.					
4.					
5.					
6.					

3 **En el centro comercial** Listen to this conversation and answer the questions.

1. ¿Cuánto le costó a Norma su vestido?

2. ¿A quién le quiere dar un vestido Patricia?

3. ¿Le da Norma muchos regalos a su hermana?

4. ¿Dónde compró el vestido Norma?

5. ¿Qué le dice la dependienta a Norma?

6.4 Demonstrative adjectives and pronouns

1 **En el mercado** A group of tourists is shopping at an open-air market. Listen to what they say, and mark the demonstrative adjective you hear.

> **modelo**
>
> *You hear:* Me gusta mucho esa bolsa.
> *You mark:* that

	this	that	these	those
Modelo	_____	**X**	_____	_____
1.	_____	_____	_____	_____
2.	_____	_____	_____	_____
3.	_____	_____	_____	_____
4.	_____	_____	_____	_____

2 **Cambiar** Form a new sentence using the cue you hear. Repeat the correct answer after the speaker. (*6 items*)

> **modelo**
>
> Quiero este suéter. (chaqueta)
> *Quiero esta chaqueta.*

3 **Transformar** Form a new sentence using the cue you hear. Repeat the correct answer after the speaker. (*6 items*)

> **modelo**
>
> Aquel abrigo es muy hermoso. (corbatas)
> *Aquellas corbatas son muy hermosas.*

4 **Preguntas** Answer each question you hear in the negative using a form of the demonstrative pronoun **ése**. Repeat the correct response after the speaker. (*8 items*)

> **modelo**
>
> ¿Quieres esta blusa?
> *No, no quiero ésa.*

5 **De compras** Listen to this conversation. Then read the statements and decide whether they are **cierto** or **falso**.

	Cierto	Falso
1. Flor quiere ir al almacén Don Guapo.	○	○
2. Enrique trabaja en el almacén Don Guapo.	○	○
3. Enrique no trabaja en el centro comercial.	○	○
4. Van al almacén que está al lado del Hotel Plaza.	○	○

VOCABULARIO

You will now hear the vocabulary found in your textbook on the last page of this lesson. Listen and repeat each Spanish word of phrase after the speaker.

PREPARACIÓN # Lección 7

1 **Describir** For each drawing, you will hear two statements. Choose the one that corresponds to the drawing.

1. a.   b.   2. a.   b.

11:05 p.m.

3. a.   b.   4. a.   b.

2 **Preguntas** Clara is going to baby-sit your nephew. Answer her questions about your nephew's daily routine using the cues provided. Repeat the correct response after the speaker.

> **modelo**
>
> *You hear:* ¿A qué hora va a la escuela?
> *You see:* 8:30 a.m.
> *You say:* Va a la escuela a las ocho y media de la mañana.

1. 7:00 a.m.   4. champú para niños

2. se lava la cara   5. 9:00 p.m.

3. por la noche   6. después de comer

3 **Entrevista** Listen to this interview. Then read the statements and decide whether they are **cierto** or **falso**.

	Cierto	Falso
1. Sergio Santos es jugador de fútbol.	○	○
2. Sergio se levanta a las 5:00 a.m.	○	○
3. Sergio se ducha por la mañana y por la noche.	○	○
4. Sergio se acuesta a las 11:00 p.m.	○	○

Lección 7 Laboratory Activities   **37**

PRONUNCIACIÓN

The consonant r

In Spanish, **r** has a strong trilled sound at the beginning of a word. No English words have a trill, but English speakers often produce a trill when they imitate the sound of a motor.

ropa	rutina	rico	**R**amón

In any other position, **r** has a weak sound similar to the English *tt* in *better* or the English *dd* in *ladder*. In contrast to English, the tongue touches the roof of the mouth behind the teeth.

gustar	durante	primero	crema

The letter combination **rr**, which only appears between vowels, always has a strong trilled sound.

pizarra	corro	marrón	aburrido

Between vowels, the difference between the strong trilled **rr** and the weak **r** is very important, as a mispronunciation could lead to confusion between two different words.

caro	carro	pero	perro

1 **Práctica** Repeat each word after the speaker to practice the **r** and the **rr**.

1. Perú	5. comprar	9. Arequipa
2. Rosa	6. favor	10. tarde
3. borrador	7. rubio	11. cerrar
4. madre	8. reloj	12. despertador

2 **Oraciones** When you hear the number, read the corresponding sentence aloud, focusing on the **r** and **rr** sounds. Then listen to the speaker and repeat the sentence.

1. Ramón Robles Ruiz es programador. Su esposa Rosaura es artista.
2. A Rosaura Robles le encanta regatear en el mercado.
3. Ramón nunca regatea… le aburre regatear.
4. Rosaura siempre compra cosas baratas.
5. Ramón no es rico pero prefiere comprar cosas muy caras.
6. ¡El martes Ramón compró un carro nuevo!

3 **Refranes** Repeat each saying after the speaker to practice the **r** and the **rr**.

1. Perro que ladra no muerde.
2. No se ganó Zamora en una hora.

4 **Dictado** You will hear seven sentences. Each will be said twice. Listen carefully and write what you hear.

1. _____
2. _____
3. _____
4. _____
5. _____
6. _____
7. _____

GRAMÁTICA

7.1 Reflexive verbs

1 **Describir** For each drawing, you will hear two statements. Choose the one that corresponds to the drawing.

1. a. _____ b. _____ 2. a. _____ b. _____

¡A+!

3. a. _____ b. _____ 4. a. _____ b. _____

2 **Preguntas** Answer each question you hear in the affirmative. Repeat the correct response after the speaker. (*7 items*)

> *modelo*
> ¿Se levantó temprano Rosa?
> Sí, Rosa se levantó temprano.

3 **¡Esto fue el colmo** (*the last straw*)**!** Listen as Julia describes what happened in her dorm yesterday. Then choose the correct ending for each statement.

1. Julia se ducha en cinco minutos porque...
   a. siempre se levanta tarde.   b. las chicas de su piso comparten un baño.
2. Ayer la chica nueva...
   a. se quedó dos horas en el baño.   b. se preocupó por Julia.
3. Cuando salió, la chica nueva...
   a. se enojó mucho.   b. se sintió (*felt*) avergonzada.

Lección 7 Laboratory Activities **39**

7.2 Indefinite and negative words

1 **¿Lógico o ilógico?** You will hear some questions and the responses. Decide if they are **lógico** or **ilógico**.

	Lógico	Ilógico			Lógico	Ilógico
1.	○	○		5.	○	○
2.	○	○		6.	○	○
3.	○	○		7.	○	○
4.	○	○		8.	○	○

2 **¿Pero o sino?** You will hear some sentences with a beep in place of a word. Decide if **pero** or **sino** should complete each sentence.

> **modelo**
> *You hear:* Ellos no viven en Lima *(beep)* en Arequipa.
> *You select:* sino because the sentence is Ellos no viven en Lima sino en Arequipa.

1.	pero	sino		5.	pero	sino
2.	pero	sino		6.	pero	sino
3.	pero	sino		7.	pero	sino
4.	pero	sino		8.	pero	sino

3 **Transformar** Change each sentence you hear to say the opposite is true. Repeat the correct answer after the speaker. (*6 items*)

> **modelo**
> Nadie se ducha ahora.
> Alguien se ducha ahora.

4 **Preguntas** Answer each question you hear in the negative. Repeat the correct response after the speaker. (*6 items*)

> **modelo**
> ¿Qué estás haciendo?
> No estoy haciendo nada.

5 **Entre amigos** Listen to this conversation between Felipe and Mercedes. Then decide whether the statements are **cierto** or **falso**.

	Cierto	Falso
1. No hay nadie en la residencia.	○	○
2. Mercedes quiere ir al Centro Estudiantil.	○	○
3. Felipe tiene un amigo peruano.	○	○
4. Mercedes no visitó ni Machu Picchu ni Cuzco.	○	○
5. Felipe nunca visitó el Perú.	○	○
6. Mercedes no quiere volver jamás al Perú.	○	○

7.3 Preterite of **ser** and **ir**

1 **Escoger** Listen to each sentence and indicate whether the verb is a form of **ser** or **ir**.

1. ser   ir   5. ser   ir
2. ser   ir   6. ser   ir
3. ser   ir   7. ser   ir
4. ser   ir   8. ser   ir

2 **Cambiar** Change each sentence from the present to the preterite. Repeat the correct answer after the speaker. (*8 items*)

> *modelo*
> Ustedes van en avión.
> Ustedes *fueron* en avión.

3 **Preguntas** Answer each question you hear using the cue provided. Repeat the correct response after the speaker.

> *modelo*
> *You hear:* ¿Quién fue tu profesor de química?
> *You see:* el señor Ortega
> *You say:* El *señor Ortega fue mi profesor de química.*

1. al mercado al aire libre   4. fabulosa
2. muy buenas   5. al parque
3. no   6. difícil

4 **¿Qué hicieron** (*did they do*) **anoche?** Listen to this telephone conversation and answer the questions.

1. ¿Adónde fue Carlos anoche?

_____

2. ¿Fue un buen partido? ¿Por qué?

_____

3. ¿Adónde fueron Katarina y Esteban anoche?

_____

4. Y Esteban, ¿qué hizo (*did he do*) allí?

_____

7.4 Gustar and verbs like gustar

1   **Escoger** Listen to each question and choose the most logical response.

1. a. Sí, me gusta.   b. Sí, te gusta.
2. a. No, no le interesa.   b. No, no le interesan.
3. a. Sí, les molestan mucho.   b. No, no les molesta mucho.
4. a. No, no nos importa.   b. No, no les importa.
5. a. Sí, le falta.   b. Sí, me falta.
6. a. Sí, les fascina.   b. No, no les fascinan.

2   **Cambiar** Form a new sentence using the cue you hear. Repeat the correct answer after the speaker. (*6 items*)

> **modelo**
>
> A ellos les interesan los deportes. (a Ricardo)
> A Ricardo le interesan los deportes.

3   **Preguntas** Answer each question you hear using the cue. Repeat the correct response after the speaker.

> **modelo**
>
> *You hear:* ¿Qué te encanta hacer?
> *You see:* patinar en línea
> *You say:* Me encanta patinar en línea.

1. la familia y los amigos   5. el baloncesto y el béisbol
2. sí   6. no
3. las computadoras   7. no / nada
4. $2,00   8. sí

4   **Preferencias** Listen to this conversation. Then fill in the chart with Eduardo's preferences and answer the question.

Le gusta	No le gusta

¿Qué van a hacer los chicos esta tarde? _____

VOCABULARIO

You will now hear the vocabulary found in your textbook on the last page of this lesson. Listen and repeat each Spanish word of phrase after the speaker.

PREPARACIÓN

Lección 8

1 **Identificar** Listen to each question and mark the appropriate category.

modelo

You hear: ¿Qué es la piña?
You mark: fruta

	carne	pescado	verdura	fruta	bebida
Modelo	_____	_____	_____	**X**	_____
1.	_____	_____	_____	_____	_____
2.	_____	_____	_____	_____	_____
3.	_____	_____	_____	_____	_____
4.	_____	_____	_____	_____	_____
5.	_____	_____	_____	_____	_____
6.	_____	_____	_____	_____	_____
7.	_____	_____	_____	_____	_____
8.	_____	_____	_____	_____	_____

2 **Describir** Listen to each sentence and write the number of the sentence below the drawing of the food or drink mentioned.

a. _____

b. _____

c. _____

d. _____

e. _____

f. _____

g. _____

h. _____

i. _____

3 **En el restaurante** You will hear a couple ordering a meal in a restaurant. Write the items they order in the appropriate categories.

	SEÑORA	SEÑOR
Primer plato		
Plato principal		
Verdura		
Bebida		

PRONUNCIACIÓN

ll, ñ, c, and z

Most Spanish speakers pronounce the letter **ll** like the *y* in *yes*.

po**ll**o **ll**ave e**ll**a cebo**ll**a

The letter **ñ** is pronounced much like the *ny* in *canyon*.

ma**ñ**ana se**ñ**or ba**ñ**o ni**ñ**a

Before **a, o,** or **u,** the Spanish **c** is pronounced like the *c* in *car*.

café **c**olombiano **c**uando ri**c**o

Before **e** or **i,** the Spanish **c** is pronounced like the *s* in *sit*. In parts of Spain, **c** before **e** or **i** is pronounced like the *th* in *think*.

cereales deli**c**ioso condu**c**ir cono**c**er

The Spanish **z** is pronounced like the *s* in *sit*. In parts of Spain, **z** before a vowel is pronounced like the *th* in *think*.

zeta **z**anahoria almuer**z**o cerve**z**a

1 Práctica Repeat each word after the speaker to practice pronouncing **ll, ñ, c,** and **z.**

1. mantequilla
2. cuñado
3. aceite
4. manzana
5. español
6. cepillo
7. zapato
8. azúcar
9. quince
10. compañera
11. almorzar
12. calle

2 Oraciones When the speaker pauses, repeat the corresponding sentence or phrase, focusing on **ll, ñ, c,** and **z.**

1. Mi compañero de cuarto se llama Toño Núñez. Su familia es de la Ciudad de Guatemala y de Quetzaltenango.
2. Dice que la comida de su mamá es deliciosa, especialmente su pollo al champiñón y sus tortillas de maíz.
3. Creo que Toño tiene razón porque hoy cené en su casa y quiero volver mañana para cenar allí otra vez.

3 Refranes Repeat each saying after the speaker to practice pronouncing **ll, ñ, c,** and **z.**

1. Las aparencias engañan.
2. Panza llena, corazón contento.

4 Dictado You will hear five sentences. Each will be said twice. Listen carefully and write what you hear.

1. _____
2. _____
3. _____
4. _____
5. _____

GRAMÁTICA

8.1 Preterite of stem-changing verbs

1   **Identificar**   Listen to each sentence and decide whether the verb is in the present or the preterite tense. Mark the appropriate column.

> **modelo**
>
> *You hear:* Pido bistec con papas fritas.
> *You mark:* Present

	Present	Preterite
Modelo	X	
1.		
2.		
3.		
4.		
5.		
6.		
7.		
8.		

2   **Cambiar**   Change each sentence you hear substituting the new subject given. Repeat the correct response after the speaker. (*6 items*)

> **modelo**
>
> Tú no dormiste bien anoche. (Los niños)
> Los niños no durmieron bien anoche.

3   **Preguntas**   Answer each question you hear using the cue provided. Repeat the correct response after the speaker.

> **modelo**
>
> *You hear:* ¿Qué pediste?
> *You see:* pavo asado con papas y arvejas
> *You say:* Pedí pavo asado con papas y arvejas.

1. Sí	3. leche	5. No
2. No	4. Sí	6. la semana pasada

4   **Un día largo**   Listen as Ernesto describes what he did yesterday. Then read the statements and decide whether they are **cierto** or **falso**.

	Cierto	Falso
1. Ernesto se levantó a las seis y media de la mañana.	○	○
2. Se bañó y se vistió.	○	○
3. Los clientes empezaron a llegar a la una.	○	○
4. Almorzó temprano.	○	○
5. Pidió pollo asado con papas.	○	○
6. Después de almorzar, Ernesto y su primo siguieron trabajando.	○	○

8.2 Double object pronouns

1 **Escoger** The manager of **El Gran Pavo** Restaurant wants to know what items the chef is going to serve to the customers today. Listen to each question and choose the correct response.

1. a. Sí, se las voy a servir.   b. No, no se los voy a servir.

2. a. Sí, se la voy a servir.   b. No, no se lo voy a servir.

3. a. Sí, se los voy a servir.   b. No, no se las voy a servir.

4. a. Sí, se la voy a servir.   b. No, no se las voy a servir.

5. a. Sí, se la voy a servir.   b. No, no se lo voy a servir.

6. a. Sí, se lo voy a servir.   b. No, no se los voy a servir.

2 **Cambiar** Repeat each statement, replacing the direct object noun with a pronoun. (*6 items*)

> **modelo**
> María te hace ensalada.
> María te la hace.

3 **Preguntas** Answer each question using the cue you hear and object pronouns. Repeat the correct response after the speaker. (*5 items*)

> **modelo**
> ¿Me recomienda usted los mariscos? (Sí)
> Sí, se los recomiendo.

4 **Una fiesta** Listen to this conversation between Eva and Marcela. Then read the statements and decide whether they are **cierto** or **falso**.

	Cierto	Falso
1. Le van a hacer una fiesta a Sebastián.	○	○
2. Le van a preparar langosta.	○	○
3. Le van a preparar una ensalada de mariscos.	○	○
4. Van a tener vino tinto, cerveza, agua mineral y té helado.	○	○
5. Clara va a comprar cerveza.	○	○
6. Le compraron un cinturón.	○	○

8.3 Saber and conocer

1 **¿Saber o conocer?** You will hear some sentences with a beep in place of the verb. Decide which form of **saber** or **conocer** should complete each sentence and select it.

> **modelo**
> You hear: (Beep) cantar.
> You select: Sé because the sentence is Sé cantar.

1. Sé	Conozco	3. Sabemos	Conocemos	5. Sé	Conozco
2. Saben	Conocen	4. Sé	Conozco	6. Sabes	Conoces

2 **Cambiar** Listen to the following statements and say that you do the same activities. Repeat the correct answer after the speaker. (5 *items*)

> **modelo**
> Julia sabe nadar.
> Yo también sé nadar.

3 **Preguntas** Answer each question using the cue you hear. Repeat the correct response after the speaker. (6 *items*)

> **modelo**
> ¿Conocen tus padres Antigua? (Sí)
> Sí, mis padres conocen Antigua.

4 **Mi compañera de cuarto** Listen as Jennifer describes her roommate. Then read the statements and decide whether they are **cierto** or **falso**.

	Cierto	Falso
1. Jennifer conoció a Laura en la escuela primaria.	○	○
2. Laura sabe hacer muchas cosas.	○	○
3. Laura sabe hablar alemán.	○	○
4. Laura sabe preparar comida mexicana.	○	○
5. Laura sabe patinar en línea.	○	○
6. Laura conoce a algunos muchachos simpáticos.	○	○

5 **La mejor comida** Listen to this conversation between Jorge and Rosalía. Then choose the correct answers to the questions.

1. ¿Por qué conoce Jorge muchos restaurantes?
   a. Es aficionado a los restaurantes.
   b. Él es camarero.

2. ¿Qué piensa Rosalía de la buena comida?
   a. Piensa que la gente no necesita ir a un restaurante para comer bien.
   b. Piensa que la gente encuentra la mejor comida en un restaurante.

3. ¿Dónde están Jorge y Rosalía?
   a. Están en la universidad.
   b. Están trabajando.

4. ¿Sabe Rosalía dónde está el restaurante?
   a. Sí, lo sabe.
   b. No lo conoce.

8.4 Comparatives and superlatives

1 **Escoger** You will hear a series of descriptions. Choose the statement that expresses the correct comparison.

1. a. Yo tengo más dinero que Rafael.
   b. Yo tengo menos dinero que Rafael.
2. a. Elena es mayor que Juan.
   b. Elena es menor que Juan.
3. a. Enrique come más hamburguesas que José.
   b. Enrique come tantas hamburguesas como José.
4. a. La comida de *La Fonda* es mejor que la comida del *Café Condesa*.
   b. La comida de *La Fonda* es peor que la comida del *Café Condesa*.
5. a. Las langostas cuestan tanto como los camarones.
   b. Los camarones cuestan menos que las langostas.
6. a. El pavo es más caro que la salchicha.
   b. La salchicha cuesta más que el pavo.

2 **Comparar** Look at each drawing and answer the question you hear with a comparative statement. Repeat the correct response after the speaker.

1.

   Ricardo   Sara

2.

   Héctor   Alejandro

3.

   Leonor   Melissa

3 **Al contrario** You are babysitting Anita, a small child, who starts boasting about herself and her family. Respond to each statement using a comparative of equality. Then repeat the correct answer after the speaker. (*6 items*)

> **modelo**
> Mi mamá es más bonita que tu mamá.
> Al *contrario, mi mamá es tan bonita como tu mamá.*

4 **Preguntas** Answer each question you hear using the absolute superlative. Repeat the correct response after the speaker. (*6 items*)

> **modelo**
> La comida de la cafetería es mala, ¿no?
> Sí, *es malísima.*

VOCABULARIO

You will now hear the vocabulary found in your textbook on the last page of this lesson. Listen and repeat each Spanish word of phrase after the speaker.

PREPARACIÓN   # Lección 9

1 **¿Lógico o ilógico?** You will hear some statements. Decide if they are **lógico** or **ilógico.**

1. Lógico   Ilógico   5. Lógico   Ilógico
2. Lógico   Ilógico   6. Lógico   Ilógico
3. Lógico   Ilógico   7. Lógico   Ilógico
4. Lógico   Ilógico   8. Lógico   Ilógico

2 **Escoger** For each drawing, you will hear three statements. Choose the one that corresponds to the drawing.

1. a.   b.   c.   2. a.   b.   c.

3. a.   b.   c.   4. a.   b.   c.

3 **Una celebración** Listen as señora Jiménez talks about a party she has planned. Then answer the questions.

1. ¿Para quién es la fiesta?

_____

2. ¿Cuándo es la fiesta?

_____

3. ¿Por qué hacen la fiesta?

_____

4. ¿Quiénes van a la fiesta?

_____

5. ¿Qué van a hacer los invitados en la fiesta?

_____

PRONUNCIACIÓN

The letters **h**, **j**, and **g**

The Spanish **h** is always silent.

    helado   **h**ombre   **h**ola   **h**ermosa

The letter **j** is pronounced much like the English *h* in *his*.

    José   **j**ubilarse   de**j**ar   pare**j**a

The letter **g** can be pronounced three different ways. Before **e** or **i**, the letter **g** is pronounced much like the English *h*.

    a**g**encia   **g**eneral   **G**il   **G**isela

At the beginning of a phrase or after the letter **n**, the Spanish **g** is pronounced like the English *g* in *girl*.

    Gustavo, **g**racias por llamar el domin**g**o.

In any other position, the Spanish **g** has a somewhat softer sound.

    Me **g**radué en a**g**osto.

In the combinations **gue** and **gui**, the **g** has a hard sound and the **u** is silent. In the combination **gua**, the **g** has a hard sound and the **u** is pronounced like the English *w*.

    guerra   conse**gui**r   **gua**ntes   a**gua**

1   **Práctica** Repeat each word after the speaker to practice pronouncing **h**, **j**, and **g**.

1. hamburguesa	4. guapa	7. espejo	10. gracias	13. Jorge
2. jugar	5. geografía	8. hago	11. hijo	14. tengo
3. oreja	6. magnífico	9. seguir	12. galleta	15. ahora

2   **Oraciones** When you hear the number, read the corresponding sentence aloud. Then listen to the speaker and repeat the sentence.

1. Hola. Me llamo Gustavo Hinojosa Lugones y vivo en Santiago de Chile.
2. Tengo una familia grande; somos tres hermanos y tres hermanas.
3. Voy a graduarme en mayo.
4. Para celebrar mi graduación mis padres van a regalarme un viaje a Egipto.
5. ¡Qué generosos son!

3   **Refranes** Repeat each saying after the speaker to practice pronouncing **h**, **j**, and **g**.

1. A la larga, lo más dulce amarga.   2. El hábito no hace al monje.

4   **Dictado** Victoria is talking to her friend Mirta on the phone. Listen carefully and during the pauses write what she says. The entire passage will then be repeated so that you can check your work.

_____

_____

_____

_____

GRAMÁTICA

9.1 Irregular preterites

1 **Escoger** Listen to each question and choose the most logical response.

1. a. No, no conduje hoy.   b. No, no condujo hoy.
2. a. Te dije que tengo una cita con Gabriela esta noche.   b. Me dijo que tiene una cita con Gabriela esta noche.
3. a. Estuvimos en la casa de Marta.   b. Estuvieron en la casa de Marta.
4. a. Porque tuvo que estudiar.   b. Porque tiene que estudiar.
5. a. Lo supe la semana pasada.   b. Lo supimos la semana pasada.
6. a. Los pusimos en la mesa.   b. Los pusieron en la mesa.
7. a. No, sólo tradujimos un poco.   b. No, sólo traduje un poco.
8. a. Sí, le di $20,00.   b. Sí, le dio $20,00.

2 **Cambiar** Change each sentence from the present to the preterite. Repeat the correct answer after the speaker. (*8 items*)

> **modelo**
> Él pone el flan sobre la mesa.
> *Él puso el flan sobre la mesa.*

3 **Preguntas** Answer each question you hear using the cue. Substitute object pronouns for the direct object when possible. Repeat the correct answer after the speaker.

> **modelo**
> *You hear:* ¿Quién condujo el auto?
> *You see:* yo
> *You say:* Yo lo conduje.

1. Gerardo   3. nosotros   5. ¡Felicitaciones!
2. Mateo y Yolanda   4. muy buena   6. mi papá

4 **Completar** Listen to the dialogue and write the missing words.

_____1_____ por un amigo que los Márquez _____2_____ a visitar a su hija. Me _____3_____ que _____4_____ desde Antofagasta y que se _____5_____ en el Hotel Carrera. Les _____6_____ una llamada (*call*) anoche pero no _____7_____ el teléfono. Sólo _____8_____ dejarles un mensaje. Hoy ellos me _____9_____ y me _____10_____ si mi esposa y yo teníamos tiempo para almorzar con ellos. Claro que les _____11_____ que sí.

9.2 Verbs that change meaning in the preterite

1 **Identificar** Listen to each sentence and mark the subject of the verb.

> **modelo**
> *You hear:* ¿Cuándo lo supiste?
> *You mark:* tú

	yo	tú	él/ella	nosotros	ellos/ellas
Modelo	_____	**X**	_____	_____	_____
1.	_____	_____	_____	_____	_____
2.	_____	_____	_____	_____	_____
3.	_____	_____	_____	_____	_____
4.	_____	_____	_____	_____	_____
5.	_____	_____	_____	_____	_____
6.	_____	_____	_____	_____	_____
7.	_____	_____	_____	_____	_____
8.	_____	_____	_____	_____	_____

2 **Preguntas** Answer each question you hear using the cue. Substitute object pronouns for the direct object when possible. Repeat the correct response after the speaker.

> **modelo**
> *You hear:* ¿Conocieron ellos a Sandra?
> *You see:* sí
> *You say:* Sí, la conocieron.

1. sí   2. en la casa de Ángela   3. el viernes   4. no   5. no   6. anoche

3 **¡Qué lástima!** (*What a shame!*) Listen as José talks about some news he recently received. Then read the statements and decide whether they are **cierto** or **falso**.

	Cierto	Falso
1. Supieron de la muerte ayer.	O	O
2. Se sonrieron cuando oyeron las noticias (*news*).	O	O
3. Carolina no se pudo comunicar con la familia.	O	O
4. Francisco era (*was*) joven.	O	O
5. Mañana piensan llamar a la familia de Francisco.	O	O

4 **Relaciones amorosas** Listen as Susana describes what happened between her and Pedro. Then answer the questions.

1. ¿Por qué no pudo salir Susana con Pedro? _____

2. ¿Qué supo por su amiga? _____

3. ¿Cómo se puso ella cuando Pedro llamó? _____

4. ¿Qué le dijo Susana a Pedro? _____

9.3 Relative pronouns

1 **Escoger** You will hear some sentences with a beep in place of the relative pronoun. Decide whether **que**, **quien**, or **lo que** should complete each sentence.

> **modelo**
>
> *You hear:* (*Beep*) me gusta de las bodas es la comida.
> *You select:* Lo que because the sentence is *Lo que me gusta*
> *de las bodas es la comida.*

1. que   quien   lo que   6. que   quien   lo que
2. que   quien   lo que   7. Que   Quien   Lo que
3. que   quien   lo que   8. que   quien   lo que
4. que   quien   lo que   9. que   quien   lo que
5. que   quien   lo que   10. que   quien   lo que

2 **Completar** Listen to this description and fill in the missing words.

Sandra y Enrique, _____ se casan hoy, celebran su matrimonio en el Hotel Plaza. Invitan a

Andrés, a _____ conocen desde hace quince años. Andrés sabe _____ esperan

unas palabras suyas. Practica _____ dice toda la semana: "Todos sabemos

_____ esta pareja se ama. Y _____ es más importante, son personas queridas.

Sólo hay paz y amor en su futuro". El momento de brindar llega. Adela, _____ está

enamorada de Andrés, lo mira mucho. Cuando termina de hablar, Andrés va a bailar porque supone

_____ así Adela no lo pone nervioso.

3 **Preguntas** Answer each question you hear using a relative pronoun and the cues provided. Repeat the correct response after the speaker.

> **modelo**
>
> *You hear:* ¿Quiénes son esos chicos?
> *You see:* los invitados / vienen a la fiesta
> *You say:* Son los invitados que vienen a la fiesta.

1. chica / conocí en la boda   4. vecino / celebra su cumpleaños
2. mis amigos / festejan su graduación   5. la pareja / nos regaló un pastel
3. chico / se casa Patricia   6. chica / tuvo una quinceañera

4 **La fiesta sorpresa** Sandra's birthday is coming soon. Someone wants to throw her a party. It is supposed to be a surprise, but Sandra discovered a few things. Listen to her conclusions. Then complete the list of clues and answer the question.

Pistas

1. La agenda que _____

2. La tía Ramona que _____

3. Manuel quien _____

4. Mi prima Rita que _____

Pregunta

¿Quién está planeando hacer una fiesta sorpresa para Sandra? _____

_____

Lección 9 Laboratory Activities   **53**

9.4 ¿Qué? and ¿cuál?

1 **¿Lógico o ilógico?** You will hear some questions and the responses. Decide if they are **lógico** or **ilógico**.

1. Lógico	Ilógico	5. Lógico	Ilógico
2. Lógico	Ilógico	6. Lógico	Ilógico
3. Lógico	Ilógico	7. Lógico	Ilógico
4. Lógico	Ilógico	8. Lógico	Ilógico

2 **Preguntas** You will hear a series of responses to questions. Using **¿qué?** or **¿cuál?**, form the question that prompted each response. Repeat the correct answer after the speaker. (8 *items*)

> **modelo**
> Santiago de Chile es la capital de Chile.
> ¿Cuál es la capital de Chile?

3 **De compras** Look at Marcela's shopping list for Christmas and answer each question you hear. Repeat the correct response after the speaker. (6 *items*)

Raúl	2 camisas, talla 17
Cristina	blusa, color azul
Pepe	bluejeans y tres pares de calcetines blancos
Abuelo	cinturón
Abuela	suéter blanco

4 **Escoger** Listen to this radio commercial and choose the most logical response to each question.

1. ¿Qué hace Fiestas Mar?

a. Organiza fiestas.   b. Es una tienda que vende cosas para fiestas.   c. Es un club en el mar.

2. ¿Para qué tipo de fiesta no usaría (*would not use*) Fiestas Mar?

a. Para una boda.   b. Para una fiesta de sorpresa.   c. Para una cena con los suegros.

3. ¿Cuál de estos servicios no ofrece Fiestas Mar?

a. Poner las decoraciones.   b. Proveer (*provide*) el lugar.   c. Proveer los regalos.

4. ¿Qué tiene que hacer el cliente si usa Fiestas Mar?

a. Tiene que preocuparse por la lista de invitados.   b. Tiene que preocuparse por la música.

c. Tiene que preparar la comida.

5. Si uno quiere contactar Fiestas Mar, ¿qué debe hacer?

a. Debe escribirles un mensaje electrónico.   b. Debe llamarlos.   c. Debe ir a Casa Mar.

VOCABULARIO

You will now hear the vocabulary found in your textbook on the last page of this lesson. Listen and repeat each Spanish word of phrase after the speaker.

PREPARACIÓN   **Lección 10**

1   **Identificar** You will hear a series of words. Write each one in the appropriate category.

> **modelo**
> *You hear:* el hospital
> *You write:* el hospital under Lugares

Lugares	Medicinas	Condiciones y síntomas médicos
el hospital		

2   **Describir** For each drawing, you will hear two statements. Choose the one that corresponds to the drawing.

1. a.   b.   2. a.   b.

3. a.   b.   4. a.   b.

Lección 10 Laboratory Activities   **55**

PRONUNCIACIÓN

c (before a consonant) and q

In Lesson 8, you learned that, in Spanish, the letter **c** before the vowels **a, o,** and **u** is pronounced like the *c* in the English word *car*. When the letter **c** appears before any consonant except **h,** it is also pronounced like the *c* in *car*.

clínica   bici**cl**eta   **cr**ema   do**ct**ora   o**ct**ubre

In Spanish, the letter **q** is always followed by a **u,** which is silent. The combination **qu** is pronounced like the *k* sound in the English word *kitten*. Remember that the sounds **kwa, kwe, kwi, kwo,** and **koo** are always spelled with the combination **cu** in Spanish, never with **qu.**

querer   par**qu**e   **qu**eso   **qu**ímica   mante**qu**illa

1   **Práctica** Repeat each word after the speaker, focusing on the **c** and **q** sounds.

1. quince
2. querer
3. pequeño
4. equipo
5. conductor
6. escribir
7. contacto
8. increíble
9. aquí
10. ciclismo
11. electrónico
12. quitarse

2   **Oraciones** When you hear the number, read the corresponding sentence aloud. Then listen to the speaker and repeat the sentence.

1. El doctor Cruz quiso sacarle la muela.
2. Clara siempre se maquilla antes de salir de casa.
3. ¿Quién perdió su equipaje?
4. Pienso comprar aquella camisa porque me queda bien.
5. La chaqueta cuesta quinientos cuarenta dólares, ¿no?
6. Esa clienta quiere pagar con tarjeta de crédito.

3   **Refranes** Repeat each saying after the speaker to practice the **c** and **q** sounds.

1. Ver es creer.[1]
2. Quien mal anda, mal acaba.[2]

4   **Dictado** You will hear five sentences. Each will be said twice. Listen carefully and write what you hear.

1. _____
2. _____
3. _____
4. _____
5. _____
_____

[1] *Seeing is believing.*
[2] *He who lives badly, ends badly.*

GRAMÁTICA

10.1 The imperfect tense

1 **Identificar** Listen to each sentence and circle the verb tense you hear.

1. a. present   b. preterite   c. imperfect   6. a. present   b. preterite   c. imperfect
2. a. present   b. preterite   c. imperfect   7. a. present   b. preterite   c. imperfect
3. a. present   b. preterite   c. imperfect   8. a. present   b. preterite   c. imperfect
4. a. present   b. preterite   c. imperfect   9. a. present   b. preterite   c. imperfect
5. a. present   b. preterite   c. imperfect   10. a. present   b. preterite   c. imperfect

2 **Cambiar** Form a new sentence using the cue you hear. Repeat the correct answer after the speaker. (6 *items*)

> modelo
>
> Iban a casa. (Eva)
> Eva iba a casa.

3 **Preguntas** A reporter is writing an article about funny things people used to do when they were children. Answer her questions using the cues provided. Then repeat the correct response after the speaker.

> modelo
>
> You hear: ¿Qué hacía Miguel de niño?
> You see: ponerse pajitas (*straws*) en la nariz
> You say: Miguel se ponía pajitas en la nariz.

1. quitarse los zapatos en el restaurante   4. jugar con un amigo invisible
2. vestirnos con la ropa de mamá   5. usar las botas de su papá
3. sólo querer comer dulces   6. comer con las manos

4 **Completar** Listen to this description of Ángela's medical problem and write the missing words.

Ángela _____ día y noche. _____ que _____ un
      1   2   3

resfriado, pero se _____ bastante saludable. Se _____ de la
                  4   5

biblioteca después de poco tiempo porque les _____ a los otros estudiantes. Sus
                 6

amigas, Laura y Petra, siempre le _____ que _____ alguna alergia.
                   7   8

Por fin, decidió hacerse un examen médico. La doctora le dijo que ella _____
                                         9

alérgica y que _____ muchas medicinas para las alergias. Finalmente, le recetó
          10

unas pastillas. Al día siguiente (*following*), Ángela se _____ mejor porque
                           11

_____ cuál era el problema y ella dejó de estornudar después de tomar
    12

las pastillas.

Lección 10 Laboratory Activities   **57**

10.2 Constructions with se

1 **Escoger** Listen to each question and choose the most logical response.

1. a. Ay, se te quedó en casa.
   b. Ay, se me quedó en casa.
2. a. No, se le olvidó llamarlo.
   b. No, se me olvidó llamarlo.
3. a. Se le rompieron jugando al fútbol.
   b. Se les rompieron jugando al fútbol.

4. a. Ay, se les olvidó.
   b. Ay, se nos olvidó.
5. a. No, se me perdió.
   b. No, se le perdió.
6. a. Se nos rompió.
   b. Se le rompieron.

2 **Preguntas** Answer each question you hear using the cue provided and the impersonal **se**. Repeat the correct response after the speaker.

> **modelo**
> *You hear:* ¿Qué lengua se habla en Costa Rica?
> *You see:* español
> *You say:* Se habla español.

1. a las seis
2. gripe
3. en la farmacia

4. en la caja
5. en la Oficina de Turismo
6. tomar el autobús #3

3 **Letreros** (*Signs*) Some or all of the type is missing on the signs. Listen to the speaker and write the appropriate text below each sign. The text for each sign will be repeated.

_____
_____
_____

_____
_____
_____

_____
_____
_____

_____
_____
_____

10.3 Adverbs

1 **Completar** Listen to each statement and choose the word or phrase that best completes it.

1. a. casi   b. mal   c. ayer
2. a. con frecuencia b. además   c. ayer
3. a. poco   b. tarde   c. bien
4. a. a menudo   b. muy   c. menos
5. a. así   b. apenas   c. tranquilamente
6. a. bastante   b. a tiempo   c. normalmente

2 **Cambiar** Form a new sentence by changing the adjective to an adverb. Repeat the correct answer after the speaker.

> **modelo**
> *You hear:* Juan dibuja.
> *You see:* fabuloso
> *You say:* Juan dibuja fabulosamente.

1. regular   3. feliz   5. general
2. rápido   4. constante   6. fácil

3 **Preguntas** Answer each question you hear in the negative, using the cue provided. Repeat the correct response after the speaker.

> **modelo**
> *You hear:* ¿Salió bien la operación?
> *You see:* mal
> *You say:* No, la operación salió mal.

1. lentamente   3. muy   5. tristemente
2. tarde   4. nunca   6. poco

4 **Situaciones** You will hear four brief conversations. Choose the phrase that best completes each sentence.

1. Mónica…
   a. llegó tarde al aeropuerto.
   b. casi perdió el avión a San José.
   c. decidió no ir a San José.

2. Pilar…
   a. se preocupa por la salud de Tomás.
   b. habla con su médico.
   c. habla con Tomás sobre un problema
      médico.

3. La señora Blanco…
   a. se rompió la pierna hoy.
   b. quiere saber si puede correr mañana.
   c. se lastimó el tobillo hoy.

4. María está enojada porque Vicente…
   a. no va a recoger (*to pick up*) su medicina.
   b. no recogió su medicina ayer.
   c. no debe tomar antibióticos.

VOCABULARIO

You will now hear the vocabulary found in your textbook on the last page of this lesson. Listen and repeat each Spanish word of phrase after the speaker.

PREPARACIÓN

Lección 11

1 Asociaciones Circle the word or words that are not logically associated with each word you hear.

1. la impresora	el semáforo	el fax
2. guardar	imprimir	chocar
3. el carro	el motor	el sitio web
4. los frenos	el ratón	el aceite
5. el parabrisas	el camino	el mecánico
6. el kilómetro	el centímetro	el disco
7. el archivo	la televisión	la llanta
8. el módem	la policía	la velocidad

2 ¿Lógico o ilógico? You will hear some statements. Decide if they are **lógico** or **ilógico**.

	Lógico	Ilógico			Lógico	Ilógico
1.	○	○		5.	○	○
2.	○	○		6.	○	○
3.	○	○		7.	○	○
4.	○	○		8.	○	○

3 Identificar For each drawing, you will hear two statements. Choose the statement that best corresponds to the drawing.

1. a.   b.

2. a.   b.

3. a.   b.

4. a.   b.

Lección 11 Laboratory Activities   **61**

PRONUNCIACIÓN

c (before e or i), s, and z

In Latin America, **c** before **e** or **i** sounds much like the *s* in *sit*.

medi**c**ina   **c**elular   cono**c**er   pa**c**iente

In parts of Spain, **c** before **e** or **i** is pronounced like the *th* in *think*.

condu**c**ir   poli**c**ía   **c**elebrar   velo**c**idad

The letter **s** is pronounced like the *s* in *sit*.

subir   be**s**ar   **s**onar   impre**s**ora

In Latin America, the Spanish **z** is pronounced like the **s**.

cabe**z**a   nari**z**   abra**z**ar   embara**z**ada

The **z** is pronounced like the *th* in *think* in parts of Spain.

zapatos   **z**ona   pla**z**a   bra**z**o

---

1 **Práctica** Repeat each word after the speaker to practice pronouncing **s**, **z**, and **c** before **i** and **e**.

1. funcionar	4. sitio	7. zanahoria	10. perezoso
2. policía	5. disco	8. marzo	11. quizás
3. receta	6. zapatos	9. comenzar	12. operación

---

2 **Oraciones** When you hear each number, read the corresponding sentence aloud. Then listen to the speaker and repeat the sentence.

1. Vivió en Buenos Aires en su niñez pero siempre quería pasar su vejez en Santiago.
2. Cecilia y Zulaima fueron al centro a cenar al restaurante Las Delicias.
3. Sonó el despertador a las seis y diez pero estaba cansado y no quiso oírlo.
4. Zacarías jugaba al baloncesto todas las tardes después de cenar.

---

3 **Refranes** Repeat each saying after the speaker to practice pronouncing **s**, **z**, and **c** before **i** and **e**.

1. Zapatero, a tus zapatos.[1]
2. Primero es la obligación que la devoción.[2]

---

4 **Dictado** You will hear a friend describing Azucena's weekend experiences. Listen carefully and write what you hear during the pauses. The entire passage will be repeated so that you can check your work.

_____

_____

_____

_____

_____

_____

[1]*Mind your P's and Q's. (lit. Shoemaker, to your shoes.)*
[2]*Business before pleasure.*

GRAMÁTICA

11.1 The preterite and the imperfect

1   **Identificar**   Listen to each statement and identify the verbs in the preterite and imperfect. Write them in the appropriate column.

> **modelo**
>
> *You hear:* Cuando arrancó el carro, llovía fuertemente.
> *You write:* **arrancó** under *Preterite,* and **llovía** under *Imperfect.*

	Preterite	Imperfect
Modelo	arrancó	llovía
1.		
2.		
3.		
4.		
5.		
6.		
7.		
8.		

2   **Responder**   Answer the questions using the cues. Substitute direct object pronouns for the direct object nouns when appropriate. Repeat the correct response after the speaker.

> **modelo**
>
> *You hear:* ¿Por qué no llamaste a Soledad la semana pasada?
> *You see:* teléfono estar descompuesto
> *You say:* **Porque el teléfono estaba descompuesto.**

1. ir al cine
2. no tener las llaves
3. ya tenerlo
4. sábado

5. no haber mucho tráfico
6. haber aceite en la calle
7. en la calle
8. no, llevarla conmigo

3   **¡Qué día!**   Listen as Mercedes tells a friend about her day. Then read the statements and decide whether they are **cierto** or **falso.**

	Cierto	Falso
1. Mercedes tenía mucha experiencia con la computadora.	○	○
2. Mercedes no encontró nada interesante en Internet.	○	○
3. A Mercedes le dolía la cabeza porque tenía gripe.	○	○
4. Mercedes decidió escuchar un disco compacto.	○	○
5. Mercedes necesita tomar una clase de computación.	○	○
6. Mercedes imprimió unas páginas de un sitio web.	○	○

    Lección 11 Laboratory Activities   **63**

11.2 Por and para

1 **Escoger** You will hear some sentences with a beep in place of a preposition. Decide if **por** or **para** should complete each sentence.

> **modelo**
>
> *You hear:* El teclado es (*beep*) la computadora de Nuria.
> *You mark:* para

	por	para
Modelo		X
1.		
2.		
3.		
4.		
5.		
6.		
7.		
8.		

2 **La aventura** (*adventure*) Complete each phrase about Jaime with **por** or **para** and the cue provided. Repeat each correct response after the speaker.

> **modelo**
>
> *You hear:* Jaime estudió.
> *You see:* médico
> *You say:* Jaime estudió para médico.

1. unos meses
2. hacer sus planes
3. mil dólares
4. hacer turismo
5. la ciudad
6. su mamá
7. pesos
8. las montañas

3 **Los planes** Listen to the telephone conversation between Antonio and Sonia and then select the best response for the questions.

1. ¿Por dónde quiere ir Sonia para ir a Bariloche?
   a. Quiere ir por Santiago de Chile.
   b. Va a ir por avión.
2. ¿Para qué va Sonia a Bariloche?
   a. Va para esquiar.
   b. Va para comprar esquíes.
3. ¿Por qué tiene que ir de compras Sonia?
   a. Para comprar una bolsa.
   b. Necesita un abrigo por el frío.
4. ¿Por qué quiere ir Antonio con ella hoy?
   a. Quiere ir para estar con ella.
   b. Quiere ir para comprar un regalo.

11.3 Stressed possessive adjectives and pronouns

1   **Identificar**   Listen to each statement and mark the possessive pronoun you hear.

> **modelo**
> *You hear:* Ya arreglaron todos los coches pero el tuyo no.
> *You write: yours*

	mine	yours	his/hers	ours	theirs
Modelo	_____	**X**	_____	_____	_____
1.	_____	_____	_____	_____	_____
2.	_____	_____	_____	_____	_____
3.	_____	_____	_____	_____	_____
4.	_____	_____	_____	_____	_____
5.	_____	_____	_____	_____	_____
6.	_____	_____	_____	_____	_____
7.	_____	_____	_____	_____	_____
8.	_____	_____	_____	_____	_____

2   **Transformar**   Restate each sentence you hear, using the cues. Repeat the correct answer after the speaker.

> **modelo**
> *You hear:* ¿De qué año es el carro suyo?
> *You see: mine*
> *You say: ¿De qué año es el carro mío?*

1. his   3. yours (fam.)   5. mine
2. ours   4. theirs   6. hers

3   **Cierto o falso**   You will hear two brief conversations. Listen carefully and then indicate whether the statements are **cierto** or **falso**.

	Cierto	Falso
1. Los de la primera conversación comparten sus cosas mejor que los de la segunda.	○	○
2. Está claro que los de la primera conversación van a ir a la universidad.	○	○
3. Los de la primera conversación van a vivir juntos.	○	○
4. Las personas que hablan o se mencionan en la segunda conversación no saben compartir sus cosas.	○	○
5. En la segunda conversación, Adela y su prima hacen planes para sus estudios.	○	○
6. En la segunda conversación, Julián necesita la calculadora para sus estudios.	○	○

VOCABULARIO

You will now hear the vocabulary found in your textbook on the last page of this lesson. Listen and repeat each Spanish word of phrase after the speaker.

     Lección 11 Laboratory Activities

PREPARACIÓN   # Lección 12

---

1 **Describir** Listen to each sentence and write the number of the sentence below the drawing of the household item mentioned.

a. _____   b. _____   c. _____

d. _____   e. _____   f. _____

g. _____   h. _____

---

2 **Identificar** You will hear a series of words. Write the word that does not belong in each series.

1. _____   4. _____   7. _____

2. _____   5. _____   8. _____

3. _____   6. _____

---

3 **Quehaceres domésticos** Your children are complaining about the state of things in your house. Respond to their complaints by telling them what household chores they should do to correct the situation. Repeat the correct response after the speaker. (*6 items*)

> **modelo**
>
> La ropa está arrugada (*wrinkled*).
> *Debes planchar la ropa.*

---

4 **En la oficina de la agente inmobiliaria** Listen to this conversation between Mr. Fuentes and a real estate agent. Then read the statements and decide whether they are **cierto** or **falso**.

	Cierto	Falso
1. El señor Fuentes quiere alquilar una casa.	○	○
2. El señor Fuentes quiere vivir en las afueras.	○	○
3. Él no quiere pagar más de 900 balboas al mes.	○	○
4. Él vive solo (*alone*).	○	○
5. La casa de apartamentos tiene ascensor.	○	○
6. El apartamento tiene lavadora.	○	○

PRONUNCIACIÓN

The letter x

In Spanish, the letter **x** has several sounds. When the letter **x** appears between two vowels, it is usually pronounced like the *ks* sound in *eccentric* or the *gs* sound in *egg salad*.

con**exi**ón   **exa**men   **saxo**fón

If the letter **x** is followed by a consonant, it is pronounced like *s* or *ks*.

e**xp**licar   se**xt**o   e**xc**ursión

In Old Spanish, the letter **x** had the same sound as the Spanish **j**. Some proper names and some words from native languages like Náhuatl and Maya have retained this pronunciation.

Don Qui**x**ote   Oa**x**aca   Te**x**as

---

1   **Práctica** Repeat each word after the speaker, focusing on the **x** sound.

1. éxito	5. expedición	9. excepto
2. reflexivo	6. mexicano	10. exagerar
3. exterior	7. expresión	11. contexto
4. excelente	8. examinar	12. Maximiliano

---

2   **Oraciones** When you hear the number, read the corresponding sentence aloud. Then listen to the speaker and repeat the sentence.

1. Xavier Ximénez va de excursión a Ixtapa.
2. Xavier es una persona excéntrica y se viste de trajes extravagantes.
3. Él es un experto en lenguas extranjeras.
4. Hoy va a una exposición de comidas exóticas.
5. Prueba algunos platos exquisitos y extraordinarios.

---

3   **Refranes** Repeat each saying after the speaker to practice the **x** sound.

1. Ir por extremos no es de discretos.[1]
2. El que de la ira se deja vencer, se expone a perder.[2]

---

4   **Dictado** You will hear five sentences. Each will be said twice. Listen carefully and write what you hear.

1. _____

2. _____

3. _____

4. _____

5. _____

[1]*Prudent people don't go to extremes.*
[2]*He who allows anger to overcome him, risks losing.*

Nombre Fecha

GRAMÁTICA

12.1 Usted and Ustedes commands

1 **Identificar** You will hear some sentences. If the verb is a formal command, select **Sí**. If the verb is not a command, select **No.**

> **modelo**
> You hear: Saque la basura.
> You select: Sí because Saque is a formal command.

1. Sí No   6. Sí No
2. Sí No   7. Sí No
3. Sí No   8. Sí No
4. Sí No   9. Sí No
5. Sí No   10. Sí No

2 **Cambiar** A physician is giving a patient advice. Change each sentence you hear from an indirect command to a formal command. Repeat the correct answer after the speaker. (*6 items*)

> **modelo**
> Usted tiene que dormir ocho horas cada noche.
> Duerma ocho horas cada noche.

3 **Preguntas** Answer each question you hear in the affirmative using a formal command and a direct object pronoun. Repeat the correct response after the speaker. (*8 items*)

> **modelo**
> ¿Cerramos las ventanas?
> Sí, ciérrenlas.

4 **Más preguntas** Answer each question you hear using a formal command and the cue provided. Repeat the correct response after the speaker.

> **modelo**
> You hear: ¿Debo llamar al señor Rodríguez?
> You see: no / ahora
> You say: No, no lo llame ahora.

1. no   3. sí / aquí   5. el primer día del mes
2. a las cinco   4. no   6. que estamos ocupados

5 **¿Cómo llegar?** Julia is going to explain how to get to her home. Listen to her instructions, then number the instructions in the correct order. Two items will not be used.

_____ a. entrar al edificio que está al lado del Banco Popular

_____ b. tomar el ascensor al cuarto piso

_____ c. buscar la llave debajo de la alfombra

_____ d. ir detrás del edificio

_____ e. bajarse del metro en la estación Santa Rosa

_____ f. subir las escaleras al tercer piso

_____ g. caminar hasta el final del pasillo

Lección 12 Laboratory Activities   **69**

12.2 The present subjunctive

1 Escoger You will hear some sentences with a beep in place of a verb. Decide which verb should complete each sentence.

> **modelo**
>
> *You hear:* Es urgente que (*beep*) al médico.
> *You see:* vas   vayas
> *You select:* vayas because the sentence is Es urgente que vayas al médico.

1. tomamos	tomemos	5. se acuestan	se acuesten
2. conduzcan	conducen	6. sabes	sepas
3. aprenda	aprende	7. almorcemos	almorzamos
4. arreglas	arregles	8. se mude	se muda

2 Cambiar You are a Spanish instructor, and it's the first day of class. Tell your students what is important for them to do using the cues you hear. (*8 items*)

> **modelo**
>
> hablar español en la clase
> Es importante que ustedes hablen español en la clase.

3 Transformar Change each sentence you hear to the subjunctive mood using the expression provided. Repeat the correct answer after the speaker.

> **modelo**
>
> *You hear:* Pones tu ropa en el armario.
> *You see:* Es necesario
> *You say:* Es necesario que pongas tu ropa en el armario.

1. Es mejor   4. Es importante
2. Es urgente   5. Es bueno
3. Es malo   6. Es necesario

4 ¿Qué pasa aquí? Listen to this conversation. Then choose the phrase that best completes each sentence.

1. Esta conversación es entre…
   a. un empleado y una clienta.
   b. un hijo y su madre.
   c. un camarero y la dueña de un restaurante.
2. Es necesario que Mario…
   a. llegue temprano.
   b. se lave las manos.
   c. use la lavadora.
3. Es urgente que Mario…
   a. ponga las mesas.
   b. quite las mesas.
   c. sea listo.

12.3 Subjunctive with verbs of will and influence

1 **Identificar** Listen to each sentence. If you hear a verb in the subjunctive, select **Sí**. If you don't hear the subjunctive, select **No**.

1. Sí No   4. Sí No
2. Sí No   5. Sí No
3. Sí No   6. Sí No

2 **Transformar** Some people are discussing what they or their friends want to do. Say that you don't want them to do those things. Repeat the correct response after the speaker. (*6 items*)

> **modelo**
> Esteban quiere invitar a tu hermana a una fiesta.
> *No quiero que Esteban invite a mi hermana a una fiesta.*

3 **Situaciones** Listen to each situation and make a recommendation using the cues.

> **modelo**
> *You hear:* Sacamos una "F" en el examen de química.
> *You see:* estudiar más
> *You say:* *Les recomiendo que estudien más.*

1. ponerte un suéter   4. no hacerlo
2. quedarse en la cama   5. comprarlas en la Casa Bonita
3. regalarles una lámpara   6. ir a La Cascada

4 **¿Qué hacemos?** Listen to this conversation and answer the questions.

1. ¿Qué quiere el señor Barriga que hagan los chicos?

_____

2. ¿Qué le pide el chico?

_____

3. ¿Qué les sugiere el señor a los chicos?

_____

4. ¿Qué tienen que hacer los chicos si no consiguen el dinero?

_____

5. Al final, ¿en qué insiste el señor Barriga?

_____

VOCABULARIO

You will now hear the vocabulary found in your textbook on the last page of this lesson. Listen and repeat each Spanish word of phrase after the speaker.

PREPARACIÓN

Lección 13

1 **¿Lógico o ilógico?** You will hear some questions and the responses. Decide if they are **lógico** or **ilógico**.

1. Lógico   Ilógico
2. Lógico   Ilógico
3. Lógico   Ilógico

4. Lógico   Ilógico
5. Lógico   Ilógico
6. Lógico   Ilógico

2 **Eslóganes** You will hear some slogans created by environmentalists. Write the number of each slogan next to the ecological problem it addresses.

_____ a. la contaminación del aire

_____ b. la deforestación

_____ c. la extinción de animales

_____ d. la contaminación del agua

_____ e. el calentamiento global

_____ f. la basura en las calles

3 **Preguntas** Look at the drawings and answer each question you hear. Repeat the correct response after the speaker.

1.

2.

3.

4.

4 **Completar** Listen to this radio advertisement and write the missing words.

Para los que gustan del _____ , la agencia Eco-Guías los invita a viajar a la
                                     1

_____ amazónica. Estar en el Amazonas es convivir (*to coexist*) con la
          2

_____ . Venga y _____ los misterios del
          3   4

_____ tropical. Admire de cerca las diferentes _____ y
          5   6

_____ mientras navega por un _____ que parece mar.
          7   8

Duerma bajo un _____ lleno de _____ . Piérdase en un
                        9   10

_____ de encanto (*enchantment*).
          11

Lección 13 Laboratory Activities | **73**

PRONUNCIACIÓN

l, ll, and y

In Spanish, the letter **l** is pronounced much like the *l* sound in the English word *lemon*.

    cielo   lago   lata   luna

In Lesson 8, you learned that most Spanish speakers pronounce the letter **ll** like the *y* in the English word *yes*. The letter **y** is often pronounced in the same manner.

    estrella   valle   mayo   playa

When the letter **y** occurs at the end of a syllable or by itself, it is pronounced like the Spanish letter **i**.

    ley   muy   voy   y

1 Práctica Repeat each word after the speaker focusing on the **l, ll,** and **y** sounds.

1. lluvia
2. desarrollar
3. animal
4. reciclar
5. llegar
6. pasillo
7. limón
8. raya
9. resolver
10. pantalla
11. yogur
12. estoy
13. taller
14. hay
15. mayor

2 Oraciones When you hear the number, read the corresponding sentence aloud. Then listen to the speaker and repeat the sentence.

1. Ayer por la mañana Leonor se lavó el pelo y se maquilló.
2. Ella tomó café con leche y desayunó pan con mantequilla.
3. Después su yerno vino a su casa para ayudarla.
4. Pero él se cayó en las escaleras del altillo y se lastimó la rodilla.
5. Leonor lo llevó al hospital.
6. Allí le dieron unas pastillas para el dolor.

3 Refranes Repeat each saying after the speaker to practice the **l, ll,** and **y** sounds.

1. Quien no oye consejo, no llega a viejo.[1]
2. A caballo regalado, no le mires el diente.[2]

4 Dictado You will hear five sentences. Each will be said twice. Listen carefully and write what you hear.

1. _____
2. _____
3. _____
4. _____
5. _____

[1]*He who doesn't listen to advice, doesn't reach old age.*
[2]*Don't look a gift horse in the mouth.*

GRAMÁTICA

13.1 The subjunctive with verbs of emotion

1   **Escoger**   Listen to each statement and choose the most logical response.

1. a. Ojalá que se mejore pronto.
   b. Me alegro de que esté bien.
2. a. Espero que podamos ir a nadar mañana.
   b. Es una lástima que ya no lo podamos usar.
3. a. Me sorprende que venga temprano.
   b. Siento que se pierda la película.
4. a. Temo que el río esté contaminado.
   b. Me alegro de que vea bien.
5. a. Es ridículo que el gobierno controle cuando nos bañemos.
   b. Me gusta cepillarme los dientes.
6. a. Es triste que la gente cuide la selva.
   b. Me molesta que no hagamos nada para mejorar la situación.

2   **Transformar**   Change each sentence you hear to the subjunctive mood using the expression provided. Repeat the correct answer after the speaker.

> **modelo**
> You hear: Cada año hay menos árboles en el mundo.
> You see: Es una lástima
> You say: Es una lástima que cada año haya menos árboles en el mundo.

1. Es triste
2. Es extraño
3. Es terrible
4. Es ridículo
5. Es una lástima
6. Me molesta

3   **Preguntas**   Answer each question you hear using the cues. Repeat the correct response after the speaker.

> **modelo**
> You hear: ¿De qué tienes miedo?
> You see: nosotros / no resolver la crisis de energía
> You say: Tengo miedo de que nosotros no resolvamos la crisis de energía.

1. Ricardo / estudiar ecología
2. muchas personas / no preocuparse por el medio ambiente
3. tú / hacer un viaje a la selva
4. el gobierno / controlar el uso de la energía nuclear
5. los turistas / recoger las flores
6. haber / tantas plantas en el desierto

4   **El Club de Ecología**   Listen to this conversation. Then read the statements in your lab manual and decide whether they are **cierto** or **falso**.

	Cierto	Falso
1. Carmen se alegra de que la presidenta del club empiece un programa de reciclaje.	○	○
2. Héctor espera que Carmen se enoje con la presidenta.	○	○
3. Carmen teme que los otros miembros (*members*) quieran limpiar las playas.	○	○
4. A Carmen le gusta ir a la playa.	○	○
5. A Héctor le sorprende que Carmen abandone (*resigns from*) el club.	○	○
6. Carmen cree que la presidenta va a cambiar de idea.	○	○

      Lección 13 Laboratory Activities   **75**

13.2 The subjunctive with doubt, disbelief, and denial

1 Identificar Listen to each sentence and decide whether you hear a verb in the indicative or the subjunctive in the subordinate clause. Mark the appropriate column.

> **modelo**
>
> *You hear:* Creo que Nicolás va de excursión.
> *You mark:* under **indicative** because you heard **va**.

	Indicative	Subjunctive
Modelo	____X____	_____
1.	_____	_____
2.	_____	_____
3.	_____	_____
4.	_____	_____
5.	_____	_____
6.	_____	_____
7.	_____	_____

2 Cambiar Change each sentence you hear to the negative. Repeat the correct answer after the speaker. (*7 items*)

> **modelo**
>
> Dudo que haga frío en Bogotá.
> *No dudo que hace frío en Bogotá.*

3 Te ruego Listen to this conversation between a father and daughter. Then choose the word or phrase that best completes each sentence.

1. Juanita quiere ir a la selva amazónica para _____.
   a. vivir con los indios   b. estudiar las plantas tropicales   c. estudiar los animales
2. Ella _____ que quiere ir.
   a. está segura de   b. no está segura de   c. niega
3. Su papá _____ que se enferme con malaria.
   a. está seguro   b. teme   c. niega
4. Juanita _____ que se enferme.
   a. duda   b. no duda   c. cree
5. _____ que el papá no quiera que ella vaya.
   a. Es cierto   b. No es cierto   c. No hay duda de
6. El papá dice que _____ que la selva amazónica es un lugar fantástico.
   a. es improbable   b. es imposible   c. no cabe duda de
7. _____ Juanita va a la selva amazónica.
   a. Es seguro que   b. Tal vez   c. No es probable que
8. Juanita _____ que su papá es el mejor papá del mundo.
   a. duda   b. no cree   c. cree

13.3 The subjunctive with conjunctions

1 **¿Lógico o ilógico?** You will hear some sentences. Decide if they are **lógico** or **ilógico**.

1. Lógico   Ilógico
2. Lógico   Ilógico
3. Lógico   Ilógico

4. Lógico   Ilógico
5. Lógico   Ilógico
6. Lógico   Ilógico

2 **A la entrada del parque** Listen to the park ranger's instructions. Then number the drawings in the correct order.

a. _____

b. _____

c. _____

d. _____

3 **Identificar** Listen to each sentence and mark the appropiate column to indicate whether the subordinate clause expresses a future action, a habitual action, or a past action.

> *modelo*
>
> *You hear:* Voy a ir a caminar por el sendero tan pronto como llegues a la casa.
> *You mark:* future action

	future action	habitual action	past action
Modelo	X		
1.			
2.			
3.			
4.			
5.			
6.			

VOCABULARIO

You will now hear the vocabulary found in your textbook on the last page of this lesson. Listen and repeat each Spanish word of phrase after the speaker.

PREPARACIÓN   # Lección 14

1 **¿Lógico o ilógico?** You will hear some questions and the responses. Decide if they are **lógico** or **ilógico**.

1. Lógico	Ilógico	4. Lógico	Ilógico	7. Lógico	Ilógico
2. Lógico	Ilógico	5. Lógico	Ilógico	8. Lógico	Ilógico
3. Lógico	Ilógico	6. Lógico	Ilógico		

2 **Hacer diligencias** Look at the drawing and listen to Sofía's description of her day. During each pause, write the name of the place she went. The first one has been done for you.

1. ___Lavandería Rosa___   5. _____

2. _____   6. _____

3. _____   7. _____

4. _____   8. _____

3 **Preguntas** Look once again at the drawing in activity 2 and answer each question you hear with the correct information. Repeat the correct response after the speaker. (*5 items*)

modelo
La joyería está al norte de la plaza, ¿verdad?
No, la joyería está al este de la plaza.

4 **Perdidos en el centro** Listen to Carlos and Victoria's conversation and answer the questions.

1. ¿Qué buscan Carlos y Victoria? _____

2. ¿Quién les da la dirección? _____

3. ¿Qué deben hacer en el semáforo? _____

4. ¿A cuántas cuadras está del semáforo? _____

Lección 14 Laboratory Activities   **79**

PRONUNCIACIÓN

m and n

The letter **m** is pronounced like the *m* in the English word *made*.

mamá   **m**arzo   **m**andar   **m**esa

The letter **n** is pronounced like the *n* in the English word *none*.

norte   **n**adie   **n**unca   **n**ieto

When **n** is followed by the letter **v**, the **n** is pronounced like the Spanish **m**.

e**n**viar   i**n**vierno   i**n**vitado   co**n** **V**íctor

---

1 **Práctica** Repeat each word or phrase after the speaker to practice pronouncing **m** and **n**.

1. imposible	5. número	9. enamorado	13. matrimonio
2. mañana	6. invitar	10. monumento	14. confirmar
3. mano	7. moreno	11. empleado	15. con Víctor
4. manejar	8. envase	12. encima	16. ningún

---

2 **Oraciones** When you hear each number, read the corresponding sentence aloud. Then listen to the speaker and repeat the sentence.

1. A mí no me gustan nada los mariscos.
2. En el mercado compro naranjas, melocotones y manzanas.
3. Mañana invito a Mario Martín a cenar conmigo.
4. Mario es el mejor mecánico de motocicletas del mundo.
5. También le importa mucho la conservación del medio ambiente.
6. Siempre envía los envases de aluminio al centro de reciclaje en Valencia.

---

3 **Refranes** Repeat each saying after the speaker to practice pronouncing **m** and **n**.

1. Más vale poco y bueno que mucho y malo.[1]
2. Mala hierba nunca muere.[2]

---

4 **Dictado** You will hear a paragraph. Listen carefully and write what you hear during the pauses. The entire paragraph will then be repeated so that you can check your work.

_____

_____

_____

_____

_____

[1]*Quality is more important than quantity.*
[2]*Like a bad penny, it just keeps turning up. (lit. Bad grass never dies.)*

Nombre _____ Fecha _____

GRAMÁTICA

14.1 The subjunctive in adjective clauses

1 Identificar Listen to each statement or question. If it refers to a person, place, or thing that clearly exists or is known, mark the **Sí** row. If it refers to a person, place, or thing that either does not exist or whose existence is uncertain, mark the **No** row.

> **modelo**
> *You hear:* Buscamos un hotel que tenga piscina.
> *You mark:* the No row because the existence of the hotel is uncertain.

	Modelo	1.	2.	3.	4.	5.	6.
Sí	_____	_____	_____	_____	_____	_____	_____
No	X	_____	_____	_____	_____	_____	_____

2 Escoger You will hear some sentences with a beep in place of the verb. Select the verb that best completes each sentence.

> **modelo**
> *You hear:* Tengo una cuenta corriente que *(beep)* gratis.
> *You select:* es because the existence of the *cuenta corriente* is not in doubt.

1. tiene   tenga   2. vende   venda   3. vende   venda   4. hacen   hagan

3 Cambiar Change each sentence you hear into the negative. Repeat the correct answer after the speaker. (6 *items*)

> **modelo**
> Hay un restaurante aquí que sirve comida venezolana.
> No hay ningún restaurante aquí que sirva comida venezolana.

4 Buscando amistad Read the ads for pen pals. Then listen to the four recorded personal ads. Write the name of the person whose written ad best suits each recorded personal ad.

Nombre: Gustavo Carrasquillo
Dirección: Casilla 204, La Paz, Bolivia
Edad: 20 años
Pasatiempos: Ver películas en inglés, leer revistas de política, escalar montañas, esquiar y hacer amistad con jóvenes de todo el mundo. Me pueden escribir en inglés o alemán.

Nombre: Claudia Morales
Dirección: Calle 4–14, Guatemala, Guatemala
Edad: 18 años
Pasatiempos: Ir a conciertos de rock, escuchar la radio, ver películas extranjeras, mandar y recibir correo electrónico.

Nombre: Alicia Duque
Dirección: Avenida Gran Capitán 26, Córdoba, España
Edad: 18 años
Pasatiempos: Ir al cine, a fiestas, bailar, hablar por teléfono y escribir canciones de amor. Pueden escribirme en francés.

Nombre: Antonio Ávila
Dirección: Apartado Postal 3007, Panamá, Panamá

Edad: 21 años
Pasatiempos: Entre mis pasatiempos están escribir cartas a amigos por todas partes del mundo, escuchar la radio, practicar deportes y leer revistas.

Nombre: Rosalinda Guerrero
Dirección: Calle 408 #3, Hatillo, Puerto Rico
Edad: 19 años
Pasatiempos: Navegar por Internet, leer sobre política, ir a conciertos y visitar museos de arte.

1. _____   3. _____

2. _____   4. _____

   Lección 14 Laboratory Activities   **81**

14.2 Familiar (tú) commands

1 **Identificar** You will hear some sentences. If the verb is a **tú** command, select **Sí**. If the verb is not a **tú** command, select **No**.

> **modelo**
>
> *You hear:* Camina en el parque.
> *You select:* Sí because *Camina* is a tú command.

1. Sí   No
2. Sí   No
3. Sí   No
4. Sí   No
5. Sí   No

6. Sí   No
7. Sí   No
8. Sí   No
9. Sí   No
10. Sí   No

2 **¿Dónde están?** Eduardo's wife has asked him to do some errands for her. Using the map and her directions, write down the places she mentions.

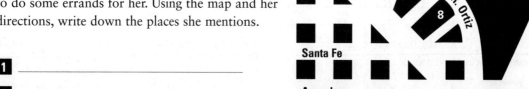

1 _____
2 _____
3 _____
4 _____
5 _____
6 _____
7 _____
8 _____

3 **Consejos prácticos** You will hear a conversation between a man who is visiting Panamá and his travel agent. Using **tú** commands and the ideas presented, write six pieces of advice that someone can follow when visiting Panamá.

1. _____
2. _____
3. _____
4. _____
5. _____
6. _____

14.3 Nosotros/as commands

1   **Identificar**   Listen to each statement. Mark the **Sí** row if it is a command. Mark the **No** row if it is not.

> **modelo**
> *You hear:* Abramos la tienda.
> *You mark:* Sí

	Modelo	1.	2.	3.	4.	5.	6.
Sí	X	____	____	____	____	____	____
No	____	____	____	____	____	____	____

2   **Cambiar**   Change each sentence you hear to a **nosotros/as** command. Repeat the correct answer after the speaker. (*8 items*)

> **modelo**
> Vamos a visitar la Plaza Bolívar.
> Visitemos la Plaza Bolívar.

3   **Preguntas**   Answer each question you hear negatively. Then make another suggestion using the cue provided and a **nosotros/as** command.

> **modelo**
> *You hear:* ¿Cocinamos esta noche?
> *You see:* Restaurante Cambur
> *You say:* No, no cocinemos esta noche. Comamos en el Restaurante Cambur.

1. jugar a las cartas   3. ir a la biblioteca

2. esquiarla   4. limpiar el sótano

4   **¿Cierto o falso?**   Listen to Manuel and Elisa's conversation. Then read the statements and decide whether they are **cierto** or **falso**.

	Cierto	Falso
1. Manuel está muy ocupado.	○	○
2. Manuel va a acompañar a Elisa a hacer diligencias.	○	○
3. Primero van a ir al correo para comprar sellos.	○	○
4. Elisa quiere primero depositar el cheque.	○	○
5. Manuel y Elisa van a comprar el postre antes de que vayan al banco.	○	○
6. Elisa sugiere cortarse el pelo de último.	○	○

VOCABULARIO

You will now hear the vocabulary found in your textbook on the last page of this lesson. Listen and repeat each Spanish word of phrase after the speaker.

PREPARACIÓN

Lección 15

1 **Identificar** You will hear a series of words or phrases. Write the word or phrase that does not belong in each group.

1. _____   3. _____   5. _____

2. _____   4. _____   6. _____

2 **Describir** For each drawing, you will hear a brief description. Indicate whether it is **cierto** or **falso** according to what you see.

1.   Cierto   Falso

2.   Cierto   Falso

3.   Cierto   Falso

4.   Cierto   Falso

3 **A entrenarse** Listen as Marisela describes her new fitness program. Then list the activities she plans to do each day.

lunes: _____

martes: _____

miércoles: _____

jueves: _____

viernes: _____

sábado: _____

domingo: _____

Lección 15 Laboratory Activities

PRONUNCIACIÓN

ch and p

In Spanish, the **ch** is pronounced like the *ch* sound in *church* and *chair*.

Co**ch**abamba   no**che**   mo**ch**ila   mu**ch**a**ch**o   que**ch**ua

In English, the letter *p* at the beginning of a word is pronounced with a puff of air. In contrast, the Spanish **p** is pronounced without the puff of air. It is somewhat like the *p* sound in *spin*. To check your pronunciation, hold the palm of your hand in front of your mouth as you say the following words. If you are making the **p** sound correctly, you should not feel a puff of air.

La **P**az   **p**eso   **p**iscina   a**p**urarse   **p**roteína

1 **Práctica** Repeat each word after the speaker, focusing on the **ch** and **p** sounds.

1. archivo	4. lechuga	7. pie	10. chuleta
2. derecha	5. preocupado	8. cuerpo	11. champiñón
3. chau	6. operación	9. computadora	12. leche

2 **Oraciones** When you hear the number, read the corresponding sentence aloud. Then listen to the speaker and repeat the sentence.

1. A muchos chicos les gusta el chocolate.
2. Te prohibieron comer chuletas por el colesterol.
3. ¿Has comprado el champán para la fiesta?
4. Chela perdió el cheque antes de depositarlo.
5. Levanto pesas para perder peso.
6. ¿Me prestas el champú?

3 **Refranes** Repeat each saying after the speaker to practice the **ch** and **p** sounds.

1. Del dicho al hecho, hay mucho trecho.[1]
2. A perro flaco todo son pulgas.[2]

4 **Dictado** You will hear eight sentences. Each will be said twice. Listen carefully and write what you hear.

1. _____
2. _____
3. _____
4. _____
5. _____
6. _____
7. _____
8. _____

[1] *It's easier said than done.*
[2] *It never rains, but it pours.*

GRAMÁTICA

15.1 Past participles used as adjectives

1 Identificar Listen to each sentence and write the past participle that is being used as an adjective.

> **modelo**
> *You hear:* Estoy interesada en estar en buena forma.
> *You write:* interesada

1. _____   5. _____

2. _____   6. _____

3. _____   7. _____

4. _____   8. _____

2 Preguntas Pablo wants to go to the gym with his friend Manuel, but everything is going wrong. Answer each question using the cue provided.

> **modelo**
> *You hear:* ¿Y mi amigo Manuel?
> *You see:* dormir
> *You say:* Tu amigo Manuel está dormido.

1. congelar	3. perder	5. dañar	7. cerrar
2. romper	4. abrir	6. vender	8. morir

3 ¿Cierto o falso? Look at the drawing and listen to each statement. Indicate whether each statement is **cierto** or **falso**.

	Cierto	Falso
1.	○	○
2.	○	○
3.	○	○
4.	○	○
5.	○	○
6.	○	○
7.	○	○
8.	○	○

15.2 The present perfect

1 **Identificar** Listen to each statement and mark the column for the subject of the verb.

> **modelo**
> *You hear:* Nunca han hecho ejercicios aeróbicos.
> *You mark:* ellos

	yo	tú	él/ella	nosotros	ellos/ellas
Modelo	___	___	___	___	X
1.	___	___	___	___	___
2.	___	___	___	___	___
3.	___	___	___	___	___
4.	___	___	___	___	___
5.	___	___	___	___	___
6.	___	___	___	___	___

2 **Transformar** Change each sentence you hear from the present indicative to the present perfect indicative. Repeat the correct answer after the speaker. (*8 items*)

> **modelo**
> Pedro y Ernesto salen del gimnasio.
> *Pedro y Ernesto han salido del gimnasio.*

3 **Preguntas** Answer each question you hear using the cue. Repeat the correct response after the speaker.

> **modelo**
> *You hear:* ¿Ha adelgazado Miguel?
> *You see:* sí / un poco
> *You say:* Sí, Miguel ha adelgazado un poco.

1. sí	3. no	5. no
2. sí	4. sí	6. no / todavía

4 **Consejos de una amiga** Listen to this conversation between Eva and Manuel. Then choose the correct ending for each statement.

1. Ellos están hablando de…
   a. que fumar es malo.　　b. la salud de Manuel.　　c. los problemas con sus clases.
2. Manuel dice que sufre presiones cuando…
   a. tiene exámenes.　　b. hace gimnasia.　　c. no puede dormir y fuma mucho.
3. Eva dice que ella…
   a. estudia durante el día.　　b. ha estudiado poco.　　c. también está nerviosa.
4. Eva le dice a Manuel que…
   a. deje de fumar.　　b. estudie más.　　c. ellos pueden estudiar juntos.

15.3 The past perfect

1 **¿Lógico o ilógico?** You will hear some brief conversations. Indicate if they are **lógico** or **ilógico**.

1. Lógico   Ilógico   3. Lógico   Ilógico   5. Lógico   Ilógico
2. Lógico   Ilógico   4. Lógico   Ilógico   6. Lógico   Ilógico

2 **Describir** Using the cues provided, describe what you and your friends had already done before your parents arrived for a visit. Repeat the correct answer after the speaker.

> modelo
>
> *You see:* preparar la cena
> *You hear:* mis amigas
> *You say:* Mis amigas ya habían preparado la cena.

1. limpiar el baño y la sala   3. sacudir los muebles   5. hacer las camas
2. sacar la basura   4. poner la mesa   6. darle de comer al gato

3 **Completar** Listen to this conversation and write the missing words. Then answer the questions.

JORGE ¡Hola, chico! Ayer vi a Carmen y no me lo podía creer, me dijo que te _____ 1

_____ en el gimnasio. ¡Tú, que siempre _____ 2

_____ tan sedentario! ¿Es cierto?

RUBÉN Pues, sí. _____ 3 _____ mucho de peso y me dolían las rodillas. Hacía

dos años que el médico me _____ 4 _____que tenía que mantenerme en

forma. Y finalmente, hace cuatro meses, decidí hacer gimnasia casi todos los días.

JORGE Te felicito (*I congratulate*), amigo. Yo también _____ 5

hace un año a hacer gimnasia. ¿Qué días vas? Quizás nos podemos encontrar allí.

RUBÉN _____ 6 _____ todos los días al salir del trabajo. ¿Y tú? ¿Vas con Carmen?

JORGE Siempre _____ 7 _____ juntos hasta que compré mi propio carro.

Ahora voy cuando quiero. Pero la semana que viene voy a tratar de ir después del trabajo para

verte por allí.

1. ¿Por qué es extraño que Rubén esté en el gimnasio?

_____

2. ¿Qué le había dicho el médico a Rubén?

_____

3. ¿Por qué no va Jorge con Carmen al gimnasio?

_____

VOCABULARIO

You will now hear the vocabulary found in your textbook on the last page of this lesson. Listen and repeat each Spanish word of phrase after the speaker.

PREPARACIÓN   # Lección 16

1 **Identificar** Listen to each description and then complete the sentence by identifying the person's occupation.

> **modelo**
> *You hear:* La señora Ortiz enseña a los estudiantes. Ella es...
> *You write:* maestra

1. _____   3. _____   5. _____

2. _____   4. _____   6. _____

2 **Anuncios clasificados** Look at the ads and listen to each statement. Then decide if the statement is **cierto** or **falso**.

EMPRESA INTERNACIONAL
busca
CONTADOR
Requisitos:
• Tenga estudios de administración de empresas
• Hable español e inglés
Se ofrece:
• Horario flexible
• Salario semanal de 700 córdobas
• Posibilidades de ascenso
Contacto: Sr. Flores
Tel: 492 2043

SE BUSCA DISEÑADOR
• Se ofrece un salario anual de 250.000 córdobas.
• Excelentes beneficios
• Debe tener cinco años de experiencia.

Si está interesado, envíe currículum a
EMPRESA LÓPEZ
Fax 342 2396

	Cierto	Falso			Cierto	Falso			Cierto	Falso
1.	○	○	3.		○	○	5.		○	○
2.	○	○	4.		○	○	6.		○	○

3 **Publicidad** Listen to this radio advertisement and answer the questions.

1. ¿Qué tipo de empresa es Mano a Obra?

_____

2. ¿Qué hace esta empresa?

_____

3. ¿Cuál es la ocupación del señor Mendoza?

_____

4. ¿Qué le va a dar la empresa al señor Mendoza en un año?

_____

5. ¿En qué profesiones se especializa (*specializes*) Mano a Obra?

_____

PRONUNCIACIÓN

Intonation

Intonation refers to the rise and fall in the pitch of a person's voice when speaking. Intonation patterns in Spanish are not the same as those in English, and they vary according to the type of sentence.

In normal statements, the pitch usually rises on the first stressed syllable.

A mí me ofrecieron un ascenso.   **Ca**da aspirante debe entregar una solicitud.

In exclamations, the pitch goes up on the first stressed syllable.

¡Oja**lá** venga!   ¡**Cla**ro que sí!

In questions with yes or no answers, the pitch rises to the highest level on the last stressed syllable.

¿Trajiste el cu**rrí**culum?   ¿Es usted arqui**tec**to?

In questions that request information, the pitch is highest on the stressed syllable of the interrogative word.

¿**Cuán**do renunciaste al trabajo?   ¿**Cuál** es su número de teléfono?

1 **Práctica** Repeat each sentence after the speaker, imitating the intonation.

1. ¿Vas a venir a la reunión?
2. ¿Dónde trabajaba anteriormente?
3. ¡Qué difícil!
4. Estoy buscando un nuevo trabajo.
5. Quiero cambiar de profesión.
6. ¿Te interesa el puesto?

2 **Oraciones** When you hear the number, say the speaker's lines in this dialogue aloud. Then listen to the speaker and repeat the sentences.

1. **REPARTIDOR** (*MOVER*) Trabajo para la Compañía de Transportes Alba. ¿Es usted el nuevo jefe?
2. **JEFE** Sí. ¿Qué desea?
3. **REPARTIDOR** Aquí le traigo los muebles de oficina. ¿Dónde quiere que ponga el escritorio?
4. **JEFE** Allí delante, debajo de la ventana. ¡Tenga cuidado! ¿Quiere romper la computadora?
5. **REPARTIDOR** ¡Perdón! Ya es tarde y estoy muy cansado.
6. **JEFE** Perdone usted, yo estoy muy nervioso. Hoy es mi primer día en el trabajo.

3 **Dictado** You will hear a phone conversation. Listen carefully and write what you hear during the pauses. The entire conversation will then be repeated so that you can check your work.

PACO _____

_____

ISABEL _____

_____

PACO _____

_____

ISABEL _____

_____

PACO _____

GRAMÁTICA

16.1 The future tense

1 **Identificar** Listen to each sentence and mark the column for the subject of the verb.

> **modelo**
> *You hear:* Iré a la reunión.
> *You mark:* yo

	yo	tú	él/ella	nosotros	ustedes
Modelo	X				
1.					
2.					
3.					
4.					
5.					
6.					
7.					
8.					

2 **Cambiar** Change each sentence you hear to the future tense. Repeat the correct answer after the speaker. (*8 items*)

> **modelo**
> Ellos van a salir pronto.
> *Ellos saldrán pronto.*

3 **Preguntas** Answer each question you hear using the cues. Repeat the correct response after the speaker.

> **modelo**
> *You hear:* ¿Con quién saldrás esta noche?
> *You see:* Javier
> *You say:* Yo saldré con Javier.

1. no / nada
2. el lunes por la mañana
3. Santo Domingo
4. esta noche
5. 2:00 p.m.
6. sí
7. de periodista
8. la próxima semana

4 **Nos mudamos** Listen to this conversation between Fernando and Marisol. Then read the statements and decide whether they are **cierto** or **falso**.

	Cierto	Falso
1. Marisol y Emilio se mudarán a Granada.	○	○
2. Ellos saben cuándo se mudan.	○	○
3. Marisol y Emilio harán una excursión a la selva y las playas antes de que él empiece su nuevo trabajo.	○	○
4. Fernando no podrá visitarlos en Nicaragua en un futuro próximo.	○	○

Lección 16 Laboratory Activities **93**

16.2 The conditional tense

1 **Identificar** Listen to each sentence and decide whether you hear a verb in the future, the conditional, or the imperfect tense.

1. a. future   b. conditional   c. imperfect
2. a. future   b. conditional   c. imperfect
3. a. future   b. conditional   c. imperfect
4. a. future   b. conditional   c. imperfect
5. a. future   b. conditional   c. imperfect
6. a. future   b. conditional   c. imperfect
7. a. future   b. conditional   c. imperfect
8. a. future   b. conditional   c. imperfect
9. a. future   b. conditional   c. imperfect
10. a. future   b. conditional   c. imperfect

2 **Cambiar** Form a new sentence replacing **iba a** + [*infinitive*] construction with the corresponding verb in the conditional. Repeat the correct answer after the speaker. (*6 items*)

> **modelo**
> Andrea dijo que iba a cambiar de trabajo.
> *Andrea dijo que cambiaría de trabajo.*

3 **Entrevista** You are a good cook and you are considering opening a Salvadorian restaurant. The investor wants to know what it will be like. Answer his questions using the cues provided. Then repeat the correct response after the speaker.

> **modelo**
> *You hear:* ¿Cómo se llamaría el restaurante?
> *You see:* **Rincón Salvadoreño**
> *You say:* El restaurante se llamaría **Rincón Salvadoreño**.

1. 10
2. Sí / periódico
3. Yo

4. $60.000
5. seguro médico
6. Sí / un año

4 **La conferencia de negocios** Cristina is planning a business conference. Listen to her ideas and then indicate whether the statements are **cierto** or **falso**.

	Cierto	Falso
1. La conferencia sería en la compañía.	O	O
2. Hablaría un hombre de negocios de mucho éxito.	O	O
3. El mejor cocinero de la ciudad haría la cena.	O	O
4. Los reporteros entrevistarían a Cristina.	O	O
5. Cristina podría obtener un aumento de sueldo.	O	O
6. Cristina no debería pensar en otra idea.	O	O

16.3 The past subjunctive

1 Identificar Listen to the following verbs. Select **Sí** if the verb is in the past subjunctive and **No** if it is in another tense.

1.	Sí	No	7.	Sí	No
2.	Sí	No	8.	Sí	No
3.	Sí	No	9.	Sí	No
4.	Sí	No	10.	Sí	No
5.	Sí	No	11.	Sí	No
6.	Sí	No	12.	Sí	No

2 Cambiar Form a new sentence using the cue you hear. Repeat the correct answer after the speaker. (*8 items*)

> modelo
> Marisa quería que yo dejara el trabajo. (mi hermana)
> *Marisa quería que mi hermana dejara el trabajo.*

3 Completar Complete each phrase you hear using the cue provided and the past subjunctive. Repeat the correct response after the speaker.

> modelo
> *You hear:* Esperábamos que tú...
> *You see:* seguir otra carrera
> *You say:* Esperábamos que tú siguieras otra carrera.

1. ir a renunciar al puesto
2. darte el aumento
3. invertir en su empresa
4. saber la verdad
5. poner un anuncio en los periódicos
6. llegar temprano al trabajo
7. ofrecerles mejores beneficios
8. gastar menos dinero

4 El mundo de los negocios Listen to this conversation between two co-workers and answer the questions.

1. ¿Qué le pidió el jefe a Elisa cuando la llamó por teléfono?

_____

2. ¿Qué le pidió el jefe a la empleada cuando entró (*entered*) en su oficina?

_____

3. ¿Qué le preguntó el jefe a Elisa?

_____

4. ¿Qué le contestó Elisa?

_____

VOCABULARIO

You will now hear the vocabulary found in your textbook on the last page of this lesson. Listen and repeat each Spanish word of phrase after the speaker.